公路桥梁桥台常见病害成因分析及加固处置

敏海涛 金子雍 欧阳平 李亚雷 ◎ 著

中国建设科技出版社有限责任公司
China Construction Science and Technology Press Co., Ltd.
北 京

图书在版编目（CIP）数据

公路桥梁桥台常见病害成因分析及加固处置/敏海涛等著．--北京：中国建设科技出版社有限责任公司，2025.6．-- ISBN 978-7-5160-4491-9

Ⅰ.U445.7

中国国家版本馆CIP数据核字第2025DE8119号

内 容 简 介

本书主要介绍了我国公路桥梁常规桥台的建设历史、受力特点、桥台常见病害的类型及造成病害的一系列可能的主要原因，罗列了桥台结构病害的常见加固方法，并重点对影响桥梁结构安全的桥台沉降、开裂、外倾等隐患进行分析，结合6个典型案例，系统剖析了该类病害的检测要点、病害原因、加固措施，为桥台病害处置提供了有益的借鉴。

本书可供从事桥梁建设管理、结构设计、施工控制、工程检测、加固设计、运营维护领域的技术人员使用，也可为相关院校桥梁工程专业的师生提供参考。

公路桥梁桥台常见病害成因分析及加固处置
GONGLU QIAOLIANG QIAOTAI CHANGJIAN BINGHAI CHENGYIN FENXI JI JIAGU CHUZHI
敏海涛　金子雍　欧阳平　李亚雷　著

出版发行：	中国建设科技出版社有限责任公司
地　　址：	北京市西城区白纸坊东街2号院6号楼
邮　　编：	100054
经　　销：	全国各地新华书店
印　　刷：	北京雁林吉兆印刷有限公司
开　　本：	787mm×1092mm　1/16
印　　张：	7.75
字　　数：	180千字
版　　次：	2025年6月第1版
印　　次：	2025年6月第1次
定　　价：	**56.00元**

本社网址：www.jskjcbs.com，微信公众号：zgjskjcbs
请选用正版图书，采购、销售盗版图书属违法行为
版权专有，盗版必究。本社法律顾问：北京天驰君泰律师事务所，张杰律师
举报信箱：zhangjie@tiantailaw.com　　举报电话：(010)63567684
本书如有印装质量问题，由我社事业发展中心负责调换，联系电话：(010)63567692

前　　言

我国公路桥梁的桥台结构多种多样，有重力式桥台、框架式桥台、轻型桥台、加筋土桥台、锚碇（拉）板式桥台等，其中使用较为普遍的为重力式桥台和轻型桥台。随着我国公路事业的高速发展，截至2024年底，全国的公路桥梁已经达到100万座，除个别桥梁以过渡墩为桥台外，每座桥梁至少存在两座桥台，由此可推断，全国公路桥梁桥台的数量已经接近200万座。我国幅员辽阔，地形、地质复杂，荷载多样，桥梁所处自然环境、社会环境千变万化，各种因素交织，导致桥台的病害呈现种类多、离散性强、原因复杂等特点。部分桥台由于受到台后土压力、雨水侵蚀、路面下渗水浸泡、河水冲刷、主梁推挤等影响，出现了沉降、侧墙外倾、前墙纵向倾斜、开裂等病害，严重的甚至存在倒塌的风险。

对于桥台病害的分析和处置，首先要结合桥台所处位置的"宏观环境"，如气候、地形等进行初步判断，再结合具体的"微观环境"，如桥台病害形态、平竖曲线、施工过程、地质、交通量、结构尺寸、配筋、桥头跳车、梁端与背墙堵塞情况、伸缩缝病害、台后路面开裂情况等进行具体分析，从而厘清病害的表现形式、产生的原因及发展路径，使结构的荷载、变形、病害特征能够相互印证，相互支撑，最大限度地还原桥梁结构的"现状"，从而为加固措施提供最为牢固的基础数据，做到有的放矢，药到病除。

本书所涉及的病害案例均来自笔者主持或参与的桥台病害检测、加固、咨询项目，项目分布于内蒙古、甘肃、青海、陕西、浙江、河南、山东、重庆等地。本书的出版得到了甘肃省临夏公路事业发展中心、陕西交通控股集团有限公司、中交第一公路勘察设计研究院有限公司、中交瑞通路桥养护科技有限公司的资助及各位同人的大力协助和指导。在此，对提供案例、基础数据的单位和个人一并表示感谢。

希望本书能够为公路高墩桥梁的建设、设计、施工、检测、运营、管养人员提供桥台病害分析的思路，为桥梁的管养提供一些经验。鉴于桥台病害的原因有很多，桥梁"初始检查"的数据不完善，荷载和环境作用的时间不确定，加之作者的水平和阅历很有限，书中不当之处在所难免，敬请同行不吝赐教（李亚雷邮箱：394415119@qq.com）。

李亚雷

2025年3月

作者简介

敏海涛：甘肃省临夏公路事业发展中心副主任，高级工程师；长期从事公路建设、施工、养护管理等工作，具有丰富的公路工程施工养护经验；参与施工的 G213 线小川黄河转体大桥施工技术获得 1999 年度天水市职工优秀技术成果奖，主持施工的国道 312 线凤翔路口至嵋岘段公路建设项目获得 2001 年甘肃省建设工程飞天奖，2010 年被甘肃省公路局评为"国省干线公路地震灾后恢复重建先进工作者"。完成的"S106 线刘家峡大桥健康监测系统技术应用"项目获得 2023 年度甘肃省交通运输科学技术奖（公路养护类）科技成果推广应用三等奖，参与的"高速公路混凝土桥的防腐技术性能指标及施工工艺的研究"项目获得 2021 年度甘肃交通运输科学技术奖技术开发类三等奖；发表省级期刊论文《桁架拱桥转体桥施工工艺探析》《陇南地区公路水毁防治探析》《祁家黄河大桥桥台病害原因及处治措施》《深水区桥梁盖梁更换施工工艺探析》等。

金子雍：西安绕城分公司长安路产养护管理中心工作人员，助理工程师；从事高速公路养护工作，负责西安绕城高速水毁修复工程、养护工程等项目的现场管理工作。

欧阳平：中交瑞通路桥养护科技有限公司桥梁分公司设计部经理，高级工程师；长期从事在役公路桥梁检测评估和加固设计工作，负责 30 余座特大桥的检测评估和加固设计工作；参与项目获省部级勘察设计二等奖 1 项、三等奖 3 项，国家专利著作权 4 项；参编行业标准《公路桥梁加固设计规范》《公路桥梁加固施工技术规范》《公路钢结构桥梁养护技术规范》《公路桥梁体外预应力加固技术规程》。

李亚雷：中交第一公路勘察设计研究院中交瑞通路桥养护科技有限公司桥梁分公司副总经理，高级工程师；长期从事公路桥梁新建、改扩建设计、桥梁检测评估、加固设计、咨询工作；多次参与河南、广西、宁夏、陕西、山西等多省（区）省检咨询工作，负责或参与项目 5 次获得省部级奖项，多次参与交通运输部挂牌督办项目，并担任总负责人。

目　　录

1 绪论 ……………………………………………………………………… 1
　1.1　桥台功能和类型 …………………………………………………… 1
　1.2　公路桥梁桥台病害检测及加固维修 ……………………………… 2

2 公路桥梁桥台病害分类及成因 ………………………………………… 4
　2.1　公路桥梁桥台致病因素 …………………………………………… 4
　2.2　公路桥梁桥台病害类型 …………………………………………… 4
　2.3　公路桥梁的病害成因 ……………………………………………… 13

3 桥台常规加固维修方法 ………………………………………………… 16
　3.1　公路桥台维修加固原则 …………………………………………… 16
　3.2　公路桥梁桥台维修加固方法 ……………………………………… 17

4 桥台前墙及基础竖向或斜向开裂案例 ………………………………… 24
　4.1　工程概况 …………………………………………………………… 24
　4.2　病害原因分析 ……………………………………………………… 25
　4.3　桥梁加固主要内容 ………………………………………………… 25
　4.4　本章小结 …………………………………………………………… 28

5 桥台台身前倾案例 ……………………………………………………… 29
　5.1　工程概况 …………………………………………………………… 29
　5.2　桥台变形监测结果及验算分析 …………………………………… 35
　5.3　桥梁加固修复主要内容 …………………………………………… 38
　5.4　本章小结 …………………………………………………………… 41

6 桥台横桥向错位及开裂案例 …………………………………………… 42
　6.1　工程概况 …………………………………………………………… 42
　6.2　主要病害及原因分析 ……………………………………………… 43
　6.3　桥梁加固修复主要内容 …………………………………………… 44
　6.4　本章小结 …………………………………………………………… 47

7 桥台改造案例 …………………………………………………………… 48
　7.1　工程概况 …………………………………………………………… 48

7.2 桥址区自然概况 …………………………………… 49
  7.3 最新检查报告结论 …………………………………… 51
  7.4 病害原因分析结论 …………………………………… 51
  7.5 加固处置 …………………………………………… 61
  7.6 本章小结 …………………………………………… 64

8 滑坡导致桥台纵向位移案例 …………………………… 65
  8.1 工程概况 …………………………………………… 65
  8.2 桥梁状况 …………………………………………… 71
  8.3 桥梁位移及病害原因分析 …………………………… 80
  8.4 加固处置措施 ……………………………………… 84
  8.5 本章小结 …………………………………………… 86

9 滑坡导致桥台扭转案例 ………………………………… 87
  9.1 工程概况 …………………………………………… 87
  9.2 桥梁现状 …………………………………………… 89
  9.3 桥梁受力、位移与病害成因分析 …………………… 103
  9.4 加固处置 …………………………………………… 106
  9.5 本章小结 …………………………………………… 114

1 绪 论

1.1 桥台功能和类型

早在原始社会,我国就有了独木桥和数根圆木拼成的木梁桥。据史料记载,我国周朝时期就已建有梁桥和浮桥。在1972年山东临淄的考古发掘中,人们首次发现了春秋时期的梁桥遗址和桥台遗址。

桥梁,一般指架设在江河湖海上,能使车辆行人等顺利通行的构筑物。为适应现代高速发展的交通行业,桥梁亦引申为跨越山涧、不良地质或满足其他交通需要而架设的使通行更加便捷的建筑物。桥梁一般由上部结构、下部结构、支座和附属构造物组成。其中,上部结构又称桥跨结构,是跨越障碍的主要结构;下部结构则包括桥台、桥墩和基础;支座为设置在上部结构和下部结构的传力装置;附属构造物则指桥头搭板、锥形护坡、护岸、导流工程等。

桥台是支撑上部桥跨和传递桥梁荷载的结构物,同时连接桥梁与路基,起着挡土墙的作用。桥台的形式决定于填土高度、桥跨的结构类型、基底地质、水文条件及河岸地形等因素。桥台按照其形式,分为重力式桥台、轻型桥台、组合式桥台、承拉式桥台等。

重力式桥台的主要特点是靠自身质量来平衡外力以保持稳定,因此台身比较厚实,可以不用钢筋,而用天然石材或片石混凝土砌筑。它适用于地基良好的大、中型桥梁,或流冰、漂浮物较多的河流。在砂石料方便获取的地区,小桥也往往采用这类桥台。它的主要缺点是圬工体积较大,因而其自重和阻水面积也较大。其主要由台帽、墩身、基础、背墙、锥坡等几部分组成。

轻型桥台是钢筋混凝土轻型桥台,利用钢筋混凝土结构的抗弯能力来减少圬工体积而使桥台轻型化。其优点是结构自重轻、施工方便,主要适用于小跨径桥梁。轻型桥台分为设有支撑梁的轻型桥台、钢筋混凝土薄壁桥台、加筋土桥台和埋置式桥台等几种类型。

组合式桥台的桥台本身要承受桥跨结构传来的竖向力和水平力,而台后的土压力则由其他桥跨结构来承受,这样就形成了组合式桥台。这类桥台主要分为三大类:锚碇板式桥台,过梁式、框架式组合桥台,桥台与挡土墙组合桥台。

承拉式桥台的特点主要是根据受力的需要,要求桥台有抵抗压力和拉力的能力,在设计中必须满足受力要求,此种桥台主要适用于斜弯桥和边跨与中跨比小于0.3的连续梁。

1.2 公路桥梁桥台病害检测及加固维修

1.2.1 我国公路桥梁桥台病害现状及认识

桥台的病害类型主要包括桥台基础的不均匀沉降，台身侧、墙的倾斜，台身的竖向、水平向开裂，侧墙、耳墙的竖向、斜向开裂，背墙水平开裂、斜向开裂及竖向开裂，背墙与耳墙相交处开裂，背墙与梁端抵死，雨水对台帽、台身的侵蚀，混凝土构件的局部破损，钢筋的锈蚀等。

我国幅员辽阔，地域自然条件差异较大，工程地质、水文地质复杂多变，桥梁桥台病害也出现了一定的地域性特点，如东北地区、西北地区的桥台伸缩缝锚固混凝土及台帽、台身混凝土冻融破坏；沿海地区的钢筋及钢板受氯离子影响导致的钢筋锈胀病害；湿陷性黄土地区的桥台台前护坡或台侧锥坡的水蚀掏空导致的桥台不均匀沉降和水平变位等病害。

1.2.2 公路桥梁桥台检测及加固的特点

目前，公路桥梁桥台的检测以目测结合部分检测仪器为主。对部分台高较高，桥台两侧受树木或高压线等障碍物影响，无法采用桥梁检测车作为检测平台"抵近"检查的桥台，可采用无人机、高精度相机、望远镜或攀爬机器人进行检查。

对病害原因仅从外观无法进行判断的桥台，应采取特殊检查或地质钻孔的方式，查清病害的严重程度、桥台填土的情况、桥台地基情况等，并查阅桥台历年病害检查报告，找出桥台病害发展趋势，查阅施工期间的相关记录，询问养护人员对该桥台的养护维修及运营荷载情况，为病害原因的精准分析提供基础资料。

从维修加固的角度看，作为衔接路基和桥梁的重要结构物，桥台对道路安全的影响巨大，其维修加固的有效性、针对性要求比路基路面等专业更为严格，主要表现在以下4个方面。

(1) 桥台的病害成因分析复杂

造成桥梁桥台病害的原因通常是多方面的，可能涉及地形、地质、设计、施工、运营管理等多个方面。尤其重要的是，作为路基和桥梁的过渡结构物，其施工除了常规的钢筋混凝土构件需要的放样、开挖（钻孔）、地基处理、绑钢筋、立模板、浇筑混凝土外，其台后填土工序的施工规范性往往对桥台的病害发展起到至关重要的作用。例如，部分工程受工期或施工管理混乱的影响，台后填土未分层碾压、分层检验，导致后期路基沉降，对桩基或桥台台身产生竖向摩阻力，台后跳车更加剧了车辆荷载对桥台的冲击作用，同时，由于台后沉降、路面开裂、雨水下渗等，桥台产生较多的病害。

(2) 桥台加固对设计人员要求高

20世纪90年代，我国的桥梁加固事业刚刚起步，加固业务呈现体量小、费用不高、工点分散的特点，除了一些国家级设计院，如中交第一公路勘察设计研究有限公司开始设置专业的加固机构进行加固业务的拓展外，国内大部分公路设计院未涉足此类业务。经过几十年的公路高速建期，我国的路网基本成形，公路建设工程量逐年下降，设计单位的新建设计工程师也进入加固养护行列。自身桥梁加固工程经验的缺乏，导致我们公路行业的从业人员对桥梁加固的认识不足，对桥梁初期出现的病害重视不够，未能及时加固，或者后期进行了加固，但由于资金、经验等方面的原因，加固效果不尽如人意。一个合格的桥台加固的工程设计人员，不仅需要具有良好的桥梁理论水平和力学知识，具备新建设计的深厚功底，还要熟悉桥台施工的工序和操作工艺，既要考虑到施工过程对桥面交通和对周边环境的影响，又要充分考虑施工过程可能涉及的危险性较大的分部分项工程，作出针对性的设计要求，这对设计人员的综合素质要求较高。在确定加固方案时，采用的方案要同时考虑到结构的现状和加固后的效果，这对设计人员正确分析旧桥的初始状态提出了很高的要求。

（3）桥台加固施工对交通管制要求严

在桥台加固施工中，很多关键的加固工序都需要中断交通，如增大截面混凝土的浇筑及养生、黏贴钢板结构胶的固化等。对已经运营的桥梁，交通管制的要求非常高，既要满足保证加固质量的中断交通的时间要求，也要考虑中断交通对社会的影响，这就要求施工各工序的安排细致且周密，将各种影响降低到最小。在不能满足上述要求时，必要时采取减小振动的工程措施。

（4）管养单位对桥梁加固的认识程度参差不齐

经过近30年的公路建设，目前新建公路工程的建设高潮已经接近尾声，许多建设期的管理人员和技术人员进入公路养护管理部门。由于思维惯性或管理经历等因素的影响，管养单位"重建设、轻养护"的思想仍大量存在，预防性养护理念仍得不到认可，导致养护资金、技术人员等不足，不能有效地进行检测和维修管理。

部分管养部门缺乏专业养护工程师，或虽然配备，但技术水平和能力仍有较大的提升空间，这就导致部分管养单位对《公路桥涵养护规范》（JTG 5120—2021）规定的初始检查、日常巡检、经常检查、定期检查执行力不足，或者对专业单位作出的检测报告未充分重视，收到检测报告后即束之高阁，未进行养护维修或处置。同时，对影响结构安全的病害认识不足，对结构病害可能造成的桥梁事故抱有侥幸心理，也未编制相应的应急预案，导致"小病拖成大病"，留下严重的安全隐患。养护主管单位未按交通运输部相关要求下拨桥梁养护资金也是部分病害不能得到及时处置的重要原因之一。

2 公路桥梁桥台病害分类及成因

2.1 公路桥梁桥台致病因素

我国桥梁桥台的结构形式多样，常见的桥梁桥台由盖梁、耳墙、背墙、台身、承台和基础构成；重力式U形桥台由台帽、背墙、前墙、侧墙和基础组成，通常设置锥坡、护坡对桥台进行防护。桥台所处地质、地形、气候复杂多样，部分桥台受建设期技术水平和经济条件制约，在设计、施工阶段存在不完善和不合理的问题。同时，在运营阶段，养护管理和预防性养护也往往存在不到位或处置针对性不强的问题，部分地区的公路桥台亦受车船落石碰撞、火灾、地震等影响，以上诸多因素导致公路桥梁桥台的病害频繁出现，对公路的安全运营造成不同程度的影响。

2.2 公路桥梁桥台病害类型

桥梁桥台病害与缺陷可大致分为以下类型。
1）水蚀
桥台背墙和梁端多设置伸缩缝或设置桥面连续，在运营过程中，由于伸缩缝止水橡胶条的破损或桥面连续铺装的开裂，桥面雨水下渗，导致台帽或台身受水侵蚀。同时，空气中的二氧化碳等沿混凝土微裂缝进入混凝土内部，促使混凝土碳化及钢筋锈蚀，加速构件混凝土劣化（图2-1、图2-2）。

图2-1 柱式台台帽水蚀

图 2-2 重力式台台帽和台身水蚀

2) 蜂窝

梁体混凝土表面局部疏松，水泥浆少，集料之间存在空隙且没有填满水泥浆，形成蜂窝状的孔洞。在钢筋混凝土表面，蜂窝往往伴随着钢筋外露。蜂窝现象表明梁体混凝土局部不密实且强度低，空气中的水汽及二氧化碳等易进入混凝土内部，促使混凝土碳化及钢筋锈蚀，加速构件混凝土劣化，影响梁体混凝土耐久性，当有露筋现象时情况更严重（图 2-3、图 2-4）。

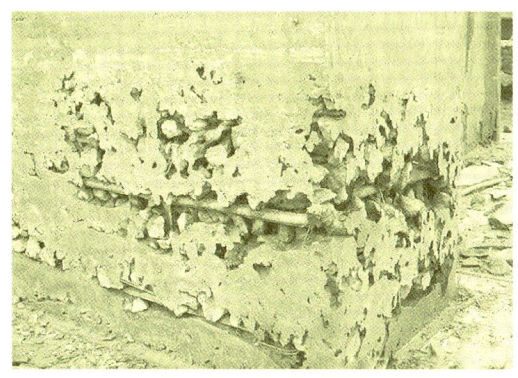

图 2-3 混凝土蜂窝伴随露筋

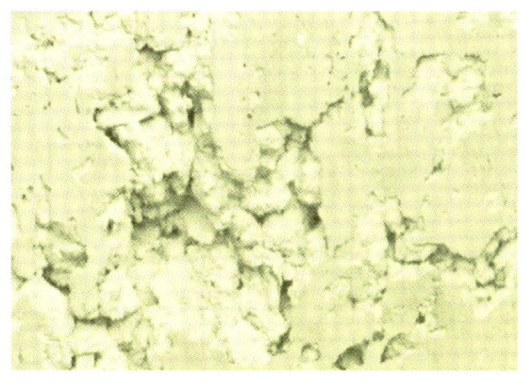

图 2-4 混凝土蜂窝

3）麻面

麻面是指梁体混凝土表面局部缺水泥浆且仅有细集料、粗集料的粗糙面，或者表面有许多麻点小凹坑。一般情况下，钢筋未外露。混凝土麻面为混凝土表面的缺陷，对结构受力影响不大，但局部混凝土内缺水泥浆会影响其耐久性和混凝土梁体外观（图 2-5、图 2-6）。

图 2-5　台身混凝土麻面

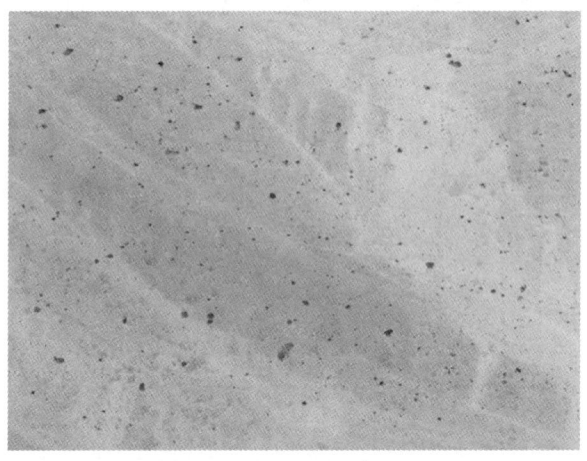

图 2-6　侧墙混凝土麻面

4）剥落、掉角

剥落为混凝土表层脱落、粗集料外露的现象，严重时成片脱落、钢筋外漏（图 2-7）。掉角为构件角边处混凝土局部掉落或出现不规范缺陷（图 2-8）。剥落、掉角对构件混凝土耐久性有较大影响。《公路桥涵养护规范》（JTG 5120—2021）对剥落、掉角的评定主要考虑定量和定性两个方面，主要体现为病害的范围和面积的大小。

5）桥台裂缝

桥台裂缝是指构件表面的开裂现象。混凝土裂缝的严重程度，可依据裂缝的产生原因、长度与宽度的大小及其是否随时间而增加等因素来判断。构件上下底面裂缝根据性状不同可分为网状裂缝、纵向裂缝、横向裂缝、斜向裂缝；侧立面裂缝根据性状不同分为网状裂缝、竖向裂缝、斜向裂缝、水平裂缝。桥台各个构件的裂缝主要包括以下几种类型。

图 2-7　混凝土剥落

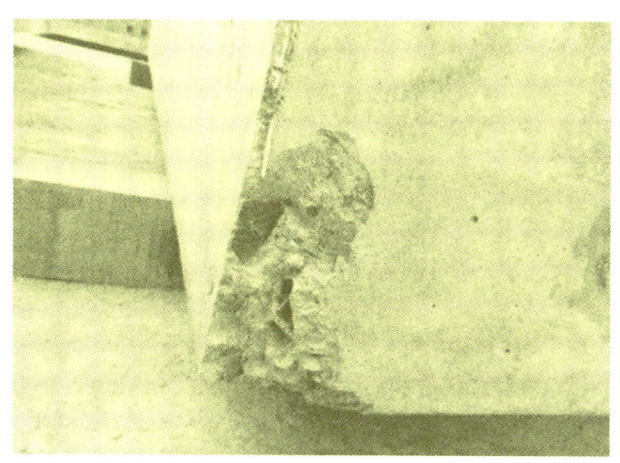

图 2-8　混凝土构件掉角

（1）背墙水平开裂

背墙水平开裂是指背墙高度较大或竖向钢筋配置不足时，在台后土压力作用下产生弯曲开裂的现象（图 2-9）。当台后土压力不均时，裂缝表现为斜向开裂。个别水平裂缝与背墙浇筑分层浇筑的施工界面相吻合，为施工缝的外在表现。个别水平开裂是由于背墙与梁端的间隙被混凝土或其他坚硬的垃圾填塞，在温度升高的情况下，主梁顶推背墙，导致水平开裂或劈裂。

（2）背墙竖向开裂

部分背墙竖向裂缝出现在柱顶或肋身顶对应位置附近，主要是由于此处截面位于负弯矩区，背墙高度大且配筋少，当盖梁或台帽的刚度较小时，背墙出现竖向开裂现象；部分背墙竖向开裂数量较多且没有明显的规律性，主要是因为混凝土收缩。

图 2-9 背墙水平开裂

（3）耳墙与背墙相交处竖向开裂

耳墙是固结于背墙的悬臂板，当台后侧向土压力较大或耳墙强度不足时，耳墙根部产生弯曲裂缝。

（4）背墙与梁端抵死

背墙在土压力的作用下产生变形；台身在土压力的作用下，整体向跨内变形；背墙和梁端间隙过小，在温度上升的情况下，主梁伸长，抵住背墙；主梁在运营过程中受地震、堆土等因素的影响，整体向较大纵坡的低端滑移，抵住背墙（图2-10）。

图 2-10 背墙和梁端抵死

（5）侧墙、前墙竖向开裂或斜向开裂

此类病害多出现于重力式U形桥台等圬工结构，圬工结构桥台自重较大，基础的不均匀沉降易导致侧墙和前墙开裂；U形桥台内的填料由于路面雨水下渗，含水率高，降低了土体的抗剪强度，增大了土压力，或者在北方寒冷地区，结冰冻胀，易产生侧墙斜向或竖向开裂；部分墙体较高的台身或侧墙，由于自下而上，分层浇筑，工序间隔时间过长，也易导致后浇段混凝土出现竖向开裂（图2-11、图2-12）。

图 2-11　侧墙斜向开裂

图 2-12　前墙竖向开裂

(6) 侧墙外鼓、外倾

U 形桥台内的填料和活载对侧墙产生侧压力，使墙内积水，结冰后冻胀，导致侧墙外鼓或外倾，外倾过大时也会使侧墙或前墙开裂。

(7) 台帽竖向、斜向开裂

部分台帽竖向裂缝出现在柱顶或肋身顶对应位置附近，主要是由于此处截面位于负弯矩区，配筋不足或活载过大，导致台帽出现竖向开裂；部分台帽竖向开裂数量较多，裂缝至顶面向下延伸 10~30cm，且没有明显的规律性，主要是因为混凝土收缩。

(8) 前墙水平裂缝

前墙水平裂缝是指前墙高度较大或竖向钢筋配置不足时，在台后土压力作用下产生弯曲开裂。当台后土压力不均时，裂缝表现为斜向开裂。个别水平裂缝与前墙浇筑分层浇筑的施工界面相吻合，为施工缝的外在表现。

6）结构变位

结构变位是指由于基础沉降、地震、超载、碰撞、火灾、冲刷等原因引起的结构或构件位置的移动或截面的转动。结构变位是结构出现变形、位移以及结构组成构件出现转动、相对错位的统称，是判断结构稳定的一个指标。大的变位一般使结构发生大的位移，如果结构强度大，可能仅仅是平移，不会发生严重危险，但如果结构强度小，则有可能造成结构的溃塌。对重力式桥台，基础不均匀沉降往往引起台身或侧墙的竖向开裂。

7）磨蚀

磨蚀是指构件在车辆、水流等外界作用下出现的集料和砂浆的表面磨耗脱损现象（图 2-13）。

图 2-13　台身水流磨蚀

8）基础冲刷、淘空

基础冲刷、淘空是指在水流作用下，桥台基础周边埋置物被冲刷、淘空的现象（图 2-14、图 2-15）。

图 2-14　桥台基础冲刷

图 2-15　桥台基础局部冲刷

9）混凝土空洞

混凝土空洞是指深度超过钢筋的混凝土保护层没有集料和水泥浆的内部空穴。深度较浅的空洞可能会出现外壳混凝土剥落，使钢筋和空洞外露。混凝土空洞的存在削弱了结构的有效截面，对结构受力有影响（图 2-16）。

图 2-16　混凝土空洞

10）混凝土碳化

混凝土碳化是指混凝土本身含有大量的毛细孔，空气中的二氧化碳与混凝土内部的游离氢氧化钠反应生成碳酸钙，造成混凝土疏松、脱落。混凝土碳化使混凝土的碱度降低，当碳化超过混凝土的保护层时，在水与空气存在的条件下，混凝土就会失去对钢筋的保护作用，钢筋开始生锈。

11）露筋锈蚀

在钢筋混凝土梁体中，露筋锈蚀主要是其受力主筋或箍筋没有被混凝土包裹而露出表面，极易产生钢筋锈蚀，并引起钢筋锈蚀裂缝和混凝土保护层剥落。钢筋混凝土构件是将钢筋置于混凝土中，利用混凝土具有的高碱性在钢筋表面形成保护膜，避免钢筋生锈，但是已建桥梁由于某些因素的影响，仍然存在钢筋锈蚀情况。钢筋严重锈蚀最早可看见的征兆就是钢筋所在位置的混凝土表面出现与钢筋平行的裂缝，以及混凝土保护层剥落，使钢筋完全裸露（图 2-17、图 2-18）。

图 2-17　台帽钢筋锈蚀

图 2-18　混凝土保护层剥落钢筋锈蚀

12）混凝土超方

混凝土超方是指浇筑构件混凝土实际量超过设计值，表现为截面某些尺寸超过规定的正误差值。混凝土超方易在整体现浇混凝土桥台施工中发生，在桥梁现场检查中，可通过桥台截面尺寸实际量测并与设计尺寸比较得到。与设计相比，混凝土超方增加了构件的恒载作用，可能导致构件产生受力裂缝。

13）混凝土保护层厚度过小或过大

混凝土保护层是指构件截面的最外钢筋表面与截面边缘之间的混凝土层，其厚度是钢筋外缘与混凝土表面之间的距离。混凝土保护层厚度过小的外观表现往往是表面露筋，或者从构件外表混凝土明显能看到钢筋位置，仅在混凝土外表有一薄层的水泥砂浆。钢筋保护层厚度过大在混凝土表面一般无明显表现，混凝土表面上的一些孤立的混凝土裂缝可能与此有关。混凝土保护层厚度偏小，甚至局部露筋，易产生钢筋锈蚀，严重影响桥梁混凝土结构的耐久性。混凝土保护层厚度过大，在钢筋外缘至混凝土表面形成较大的素混凝土区，会使混凝土的表面产生收缩裂缝并易在桥梁营运阶段产生表面裂缝。

14）材料缺陷引起的病害

混凝土碱-集料反应是混凝土中的某些活性矿物集料与混凝土孔隙中的碱性溶液发生的反应。混凝土碱-集料反应是对混凝土桥梁危害很大的一种病害，随着时间推移而呈现混凝土表面开裂、混凝土剥离和混凝土破坏等现象。碱-集料反应破坏最重要的现场特征是混凝土表面开裂。如果混凝土没有施加预应力，则混凝土碱-集料反应产生的表面裂缝呈网状，每条裂缝长数厘米。刚开始时，裂纹从网节点呈三条放射状，夹角约120°，起因是混凝土表面下的反应集料颗粒周围的凝胶或集料内部产物的吸水膨胀。当其他集料颗粒发生反应时，便产生更多的裂纹，最终这些裂纹相互连通，形成网状裂缝。在工程现场检查时，应注意区别碱-集料反应裂缝与混凝土收缩裂缝。混凝土结构的收缩裂缝也会出现网状裂缝，但出现时间较早，多在混凝土施工期内，而碱-集料反应裂缝出现较晚，多在施工后数年甚至十几年以后；所处大气环境越干燥，混凝土收缩裂缝就越大，而碱-集料反应裂缝随着大气环境湿度增大而发展；在受约束的条件下混凝土收缩裂缝则垂直于约束方向，碱-集料反应裂缝平行于约束方向。混凝土碱-集料反应引起混凝土开裂的同时，有时会引起混凝土局部膨胀，以致混凝土表面一条裂缝的两个边缘不在一个平面（混凝土表面）上，这是混凝土碱-集料反应裂缝所特有的现象。碱-集料反应生成的碱-硅酸凝胶有时候会从裂缝流到混凝土表面，新鲜的凝胶透明或呈浅黄色，外观类似树脂状。脱水后，凝胶变成白色。混凝土结构在受雨水冲刷后，构件内混凝土中的氢氧化钙也会溶解流出，在空气中碳化后成为白色，这可用稀盐酸加以区别。混凝土结构中的氯盐、硫酸盐和硝酸盐等溶出时也会出现渗流物，这可以用水擦洗去掉，而混凝土中渗出的凝胶不容易擦掉。碱-集料反应不同于其他混凝土病害，其开裂破坏是整体性的，且目前尚无有效的修补方法，其中的碱-碳酸盐反应的预防也尚无有效措施。由于碱-集料反应造成的混凝土开裂破坏难以被阻止，因而其被称为混凝土的"癌症"。

2.3 公路桥梁的病害成因

根据病害的形态特征、发展趋势，既有桥梁的病害成因大致可以分为勘察设计原因、施工原因、管养原因、外荷载及环境影响的原因。部分病害由上述原因的综合影响所致。

2.3.1 勘察设计原因

随着工程界对结构研究的不断深入和计算机模拟技术的突飞猛进，目前，桥梁结构模拟计算技术已日趋完善。但既有桥梁的设计师受时代的限制和对结构认识的局限，其桥梁的勘察设计存在先天缺陷，部分桥梁结构计算、图纸绘制还存在人为失误，部分桥梁设计出于经济因素对结构尺寸过分优化，这导致桥梁出现了多种病害。

勘察工作是桥梁下部基础设计的保证资料。部分勘察工作由于费用低、工作难度大、责任心缺失等人为因素，导致勘察资料不细、不全，甚至错误，直接导致了基础尺寸、配筋不满足承载能力要求，使后期下部结构出现下沉、开裂、倾斜等病害，危及桥梁的安全。

2.3.2　施工原因

在施工中，材料不合格，没有合理控制混凝土的配合比或材料使用没有严格参照设计的配比进行，用水量过大、添加剂掺量不当、细集料偏多等因素，均易导致桥台混凝土结构出现开裂、剥落等病害。

混凝土的振捣、养生不当也会导致桥梁结构出现病害，如由于振捣不充分，台帽钢筋布置密集处容易导致混凝土浇筑不密实、空洞、钢筋锈蚀等病害；梁体混凝土过度振捣，导致砂浆等上浮，后期出现混凝土收缩裂缝。混凝土养生也是一个关键的因素，在高温、干燥、大风的季节浇筑的混凝土如保湿工作不到位、雨雪天气浇筑的混凝土如保温工作不到位，均易导致混凝土表层裂缝的出现。

施工细节管理不到位也易导致病害的产生。例如，钢筋保护层垫块的间距过大或局部缺失，养生过程中周边施工机械的过大振动容易导致后期病害的产生。

2.3.3　管养原因

桥梁在公路工程中是一种造价较高的人工构造物，在整条路线的投资中占较大的比重，而且桥梁损坏后修复起来比较困难，严重的可能造成交通中断，甚至出现安全事故等。因此，对桥梁进行有效的养护工作是延长其使用寿命、满足承载能力及通行能力、保障行车安全的重要保证；保持桥梁的良好状态，对公路运输具有极重要的意义。桥梁养护工作内容的首要工作是对桥梁进行的各种检查及检验工作，以了解桥梁的技术状况、掌握病害情况及其发展情况，后期针对具体的桥梁提出具体养护措施，也是管养单位履职尽责的体现。

目前，由于桥梁养护资金匮乏、管养单位认识不到位等原因，对桥梁早期出现的轻微病害往往疏于处置，在后期各种荷载的长期作用下，病害急剧发展，不仅危及桥梁安全，还极大地增加了处置的费用，造成国家资金的浪费。例如，上部结构的主梁出现了跨中横向开裂或支点剪切裂缝等结构裂缝，要及时进行加固处理，以保证结构安全；装配式预支梁的边梁混凝土由于雨水的侵蚀、泄水管渗水、伸缩缝渗水等影响，后期容易出现露钢筋及锈蚀、混凝土剥落现象，养护单位除处置伸缩缝泄水管外，还应及时粉刷防水涂料、设置截水板等措施，以极大地保护混凝土的耐久性，延缓病害的出现。

目前公路混凝体护栏大多耐久性不足，有的北方地区通车一两年就破损不堪，主要原因在于桥面除冰盐、冻融循环的影响，管养单位及时涂刷防护涂层，将会出现良好的保护效果。桥头沉陷、桥头跳车病害是桥梁的一大通病，特别是在软基地区，桥头跳车带来的冲击作用导致伸缩缝的过早损伤、桥面铺装的开裂、支座的开裂剪切、梁体的剪切裂缝等一系列问题，管养单位应尽快处置。

2.3.4　外荷载及环境影响

桥梁在运营过程中受到桥梁运营荷载、自然环境因素、社会环境因素的影响导致的病害屡见不鲜。管养单位应及时掌握交通状况，取缔桥梁不正当使用及非法占用，清除非法堆载，严格管理超载车、特种车过桥，必须通过时采取防护、加固措施，以免造成桥梁损坏。同时，对可能发生台风、暴雨、暴雪、地震、火灾、流冰、洪水、落石、车船撞击危害的桥，应做好桥梁检查、应急处理措施及防范措施。对通过检验，需进行限载、限速或停止交通的桥梁，应及时办理审批手续并进行交通管制。对桥梁各部分经常保养，对检查发现的缺陷、损坏进行及时维修，对检验不能维持原设计载重等级要求者，应有计划地进行维修加固。

3 桥台常规加固维修方法

3.1 公路桥台维修加固原则

对于公路桥台病害，应查清病因并尽早尽快处置。根据以往的桥台加固经验和教训，除满足设计规范、技术可行、经济适用、结构安全的原则外，桥台维修加固原则可以总结为以下6点。

（1）"动态设计"原则

桥台加固维修的工作与新建桥台施工的最大区别在于，它是在既有结构上的施工，如果把新建桥台比喻为画画，那么加固维修就是在已经画好的画上再次作画，难度可想而知。在维修加固施工中可能会发现新的病害、新的问题，为保证加固维修效果，我们必须及时通知检测、设计单位，对新的病害进行分析，出具新的维修加固设计图，即"动态设计"，这是我们进行维修加固设计工作的一个重要原则。

（2）尽量不损害原结构原则

既有桥台出现病害且已经对桥台的强度、刚度、稳定性造成一定程度的影响，我们在加固维修中应尽量采取对原结构无影响或影响较小的措施和方法。例如，在空心板的跨中抗弯承载能力不足的情况下，可以采取粘贴钢板或碳纤维板的加固措施，在保证加固效果的情况下，应尽量粘贴碳纤维板，以避免粘贴钢板植筋对空心板的损伤。

（3）一桥一策原则

加固业务呈现体量小、费用不高、工点分散的特点。我们要针对目前的情况，树立桥台加固项目是"定制工程"的观念；针对需要结构性加固的桥台，认真分析并找出病害的真正原因，根据病害的严重程度，分级分层分期采取对应措施，一桥一策，保障加固维修效果。

（4）尽量减少社会影响原则

公路上的桥梁一般距离人口密集的区域相对较远，桥台维修加固中的噪声污染、固废污染、大气污染、水污染、光污染等相对较小。但桥台施工部分工序需要全幅或半幅封闭道路，会对周边群众的出行造成较大的影响。故在确定加固维修方案时，应选取施工速度快、交通影响小的方案，最大限度地减少维修加固施工对地方交通的影响，如确需全封闭交通，应充分做好区域路网调查，制定科学的绕行方案，并积极做好登报告知、交警路政批复工作。

（5）对症下药、及时加固原则

病害的原因可能涉及设计、施工、运营、环境等各个方面，还有可能涉及建成历史中经历的天灾人祸，找出主要致病因素是做好维修加固设计的首要因素。同时，桥台病害也是多种多样的，其成因往往非常复杂或具有隐蔽性，同一种病害的成因往往是不同的或综合性的，如不能及时处置，部分病害可能会加剧发展，故维修加固的及时性也是保证维修加固效果的一个重要因素。

(6) 预防为主原则

桥台病害的发展有其规律，在病害发展的前期或病害未出现之前就采取一定的预防措施，能大幅提升结构的耐久性，保证结构的使用性能。同时，从全寿命周期来看，这也是经济性最高的一项措施。桥台病害的发生一般都有前兆，及时发现这些前兆，作出正确判断，并及时处置可能发生的病害，将其消灭在萌芽状态，对于桥梁运营安全和防止病害发生是非常重要的。但目前管养单位或人员对于公路桥梁预防性养护的重要性认识不足，或者受限于养护资金的匮乏，预防性养护难以实施，这就需要我们在进行维修加固设计时做好充分的沟通交流工作。

3.2 公路桥梁桥台维修加固方法

近些年，我公司陆续对一些公路桥梁的桥台结构病害进行了加固，在公路桥台加固领域积累了丰富的实践经验，通过总结可以归纳为以下方法。

3.2.1 台帽加固方法

(1) 增大截面加固法

增大截面加固法是在建筑加固改造中，通过增大原构件截面面积或增配钢筋来提高其承载力和刚度，或者改变其自振频率的一种直接加固法。增大截面加固法可以根据原构件的受力性质、尺寸面积和施工条件的实际情况进行加固，加固设计可以为单面、双面、三面和四面增大构件截面。例如，轴心受压混凝土柱常常采用四面加大截面法；偏心受压混凝土柱如果受压边较为薄弱，可以仅对受压边进行加固，即单面加大截面法，受拉边薄弱可以只对受拉边加固；而台帽等受弯混凝土构件，如果是以增大截面为主的加固施工，可以对受压区域进行加固，也可以增加配筋为主加固受拉区，或者二者同时进行。

为了保证补加钢筋混凝土和原混凝土的正常工作与协同工作，配置了植筋或植入锚栓，采取了原有混凝土凿毛、设置剪力槽等措施。如果是以增大钢筋面积为主的加固，为了保证新加钢筋的正常工作和协同工作，则需采取一定的构造措施，如与原结构骨架钢筋焊接、设置钢筋保护层、适当增加截面等。

(2) 粘贴钢板（碳板）加固法

粘贴钢板加固法是用高强的建筑结构胶，将钢板粘贴于构件表面，从而提高构件承载力的一种加固方法。粘贴钢板加固法的原理是利用胶粘剂把钢板粘贴于原构件表面，使钢板与原结构形成一个新的承力系统，钢板参与受力，从而达到对混凝土结构补强的目的。外粘钢板加固法具有以下明显特点：

① 施工快速、工期短。该加固法施工速度快，从清理、找平、粘贴钢板到加压固化，仅需1~2天时间，可大幅度节省施工时间，经济效益明显。

② 具有良好的整体受力性能。受力较均匀，一般情况下，胶粘剂的粘结强度高于

混凝土的抗拉强度，可以使钢板与原构件形成一个良好的整体。

③ 钢材的利用率高、用量少。

④ 粘贴钢板所占空间小，几乎不增加被加固构件的断面尺寸和质量，对构件的使用净空、外形影响小，基本不影响构件的外观。

台帽粘贴钢板加固的位置和方向由病害的类型决定，如果为抗弯承载能力不足，一般水平布置；如抗剪承载能力不足，则竖向或斜向布置。

(3) 体外预应力加固法

体外预应力是针对体内预应力而言的，即把预应力钢筋、钢绞线或高强钢丝、碳纤维板布置于主体结构以外，以改善主体结构的受力状态，提高结构的承载能力。

体外预应力加固法具有加固、卸荷、改变结构内力的三重效果，适用于各类桥梁。工程实践表明，使用体外预应力加固桥梁具有如下优点：

① 能够大幅度提高旧桥的承载能力，加固后桥梁所能达到的荷载等级与原桥的结构构件的设计标准和安全储备有关，一般情况下可将原桥的承载能力提高30%~40%。

② 体外预应力加固技术所需的设备简单，人力投入少，施工工期短，经济效益明显。

③ 在加固的过程中可以实现不中断交通或短时限制交通。

④ 对原桥构件损伤相对较小，可以做到不影响桥下净空。

虽然体外预应力加固法具有诸多的优点，但在桥梁台帽加固中应用时应充分考虑体外束长度过短造成的预应力损失问题。

3.2.2 桥台背墙、侧墙及台身加固法

(1) 背墙水平开裂拆除重建法

当背墙高度较大或竖向钢筋配筋不足时，背墙在台后土压力的作用下产生弯曲开裂，当台后土压力不均时，裂缝表现为与水平方向有一定的夹角。由于背墙一般与梁端存在较小的空隙，对背墙的维修处理较难实施，在病害严重的情况下，一般采取拆除重建的方法进行处置。

(2) 侧墙外倾增设钢筋混凝土圈梁加固法

钢筋混凝土圈梁加固法适用于侧墙外倾，虽有开裂，但裂缝宽度延伸长度不足台高的一半的情况。圈梁加固的构造应满足下列条件：

① 梁式桥圈梁顶与台帽齐平，空腹式拱桥梁顶与第一腹拱拱脚平齐；

② 台后或侧墙尾端路基开槽，使圈梁闭合；

③ 圈梁的厚度宜为30~50cm，高度宜为50~100cm，主筋直径不小于20mm；

④ 在设置圈梁的位置处植入钢筋，绑扎钢筋，浇筑混凝土；

⑤ 路基开槽回填，修复路面。

(3) 侧墙外倾增设辅助支挡加固法

此方法适用于侧墙外倾，但路基开槽困难，侧墙高度在8m以内，且侧墙处可以设置支挡的情况。支挡一般采用肋板式钢筋混凝土结构、桩基础；根据侧墙的长度确定肋板的道数，肋板的间距为3~5m，多道肋板时，肋板间设置系梁进行连接。

（4）侧墙外倾增设框架梁加对拉锚杆加固法

在侧墙高度较高，产生外倾、开裂严重时，可采用框架梁加对拉锚杆约束外倾发展。在侧墙上横向水平钻孔，布置预应力钢束锚杆，侧墙外设置混凝土框格梁，锚杆中心布置于框格梁交点处。

填料的土压力将由预应力锚杆平衡，每层锚杆的张拉控制力，按单根锚杆分担1/2上下左右相邻锚杆所构成的矩形区域的土压力计。当锚杆采用等间距布置时，每层锚杆的张拉控制力不同，为使张拉控制力基本相同，可采用上疏下密的布置方式。填料的土侧压力按静止土压力计算，土侧压力分为填料自身的土压力和汽车荷载引起的土侧压力两部分，其中汽车荷载引起的土侧压力按汽车轮重换算为等重均布土层来计算。为便于施工，预应力锚杆通常采用高强度精轧螺纹粗钢筋及对应锚具。为满足局部承压的要求，需要设置锚垫板、锚下螺旋筋，锚头采用内置式，以便防护。在预应力筋张拉完毕后进行孔道灌浆，以避免预应力筋腐蚀。钢筋混凝土框架梁为预应力锚杆的支撑结构，框架梁采用矩形截面，计算时将锚杆等效为支座，将每排框架梁简化为支撑于锚杆上的连续梁。为方便施工，各截面采用统一的配筋方式，箍筋可采用闭合和U形两种方式交替布置，U形筋作为植筋植入墙体，以使框架和侧墙形成整体。

（5）侧墙严重外倾拆除重建法

在侧墙严重外鼓、开裂，砌筑质量差，砌筑材料明显较差，桥上交通量较小或具备绕行条件时，考虑侧墙拆除新建。

（6）减轻桥台台背荷载加固法

此方法适用于轻型桥台背上土压力较大，桥台有向桥孔方向位移时的加固。挖除台背填料，改换轻质填料回填，减轻桥台台背的土压力，以使桥台稳定。目前国内已经有路基轻质填料ESP（聚苯乙烯泡沫塑料）用于桥头台背回填的案例，较好解决了软基过渡段的沉降和路基与桥台相接处的差异沉降问题，随着此类材料应用技术的推广和总结，此材料应用于加固工程指日可待。

（7）增大台身截面加固法

此方法的做法同盖梁增大截面加固法。其适用于轻型桥台背土压力过大，台身强度、刚度不足时的加固。可挖去台背填土，增大台身截面，提高强度和刚度。

（8）支撑过梁加固法

此方法主要适用于单跨小跨径薄壁桥台，可在两桥台基础之间纵桥向设置支撑梁（支撑板），以防止桥台向跨中位移。如果桥梁存在冲刷，支撑梁顶宜设置在一般冲刷线以下或设置其他抗冲刷设施。

（9）台后增加挡土墙加固法

此方法适用于桥台背土压力过大的桩柱式桥台的加固，台后增加挡墙后，依靠挡墙承受土压力。

3.2.3 桥台基础加固法

（1）增大基础面积加固法

桥台原基础为埋置深度较浅的圬工刚性扩大基础或钢筋混凝土扩大基础，地基土的承载能力不小于300kPa，在原基础周边可以开挖实施时，对桥台出现不均匀沉降、基底局部掏空、桥梁荷载等级提升改造基础承载能力不足等问题，可通过增大基础面积的加固方法进行处置。增大基础的面积应由基础的承载能力和沉降要求验算确定，扩大后的基础应使墩台基底的应力在地基的允许应力范围内。新老基础结合需考虑可靠的构造措施，满足后期共同受力的要求。增大基础的基底高程应至少与原基础基底高程平齐，视地基条件可低于原基底高程。增大基础加固法在施工中应注意避免在雨期施工，躲避不开时应采取设置遮雨篷、截水沟、排水沟等措施，避免开挖基坑因坑底积水而导致承载能力和稳定性降低。原基础的周边开挖会降低原基础的承载能力和稳定性，尤其是拱桥的施工风险要远远大于梁式桥，在开工前应制定相应的安全检测措施。

（2）增补桩基加固法

增补桩基加固法适用的场景包括：

① 桥下净空满足桩基施工作业的条件，承台或系梁的扩大不影响通航净空；

② 桥梁设计荷载等级提升或上部结构因加固改造恒载增加等；

③ 原桥基础为摩擦桩，由于河床下切，接近或超过局部冲刷深度且河床冲刷防护困难；

④ 原桥为扩大基础，但采用增大基础面积的方法困难。

增补的新桩一般布置于原桩纵桥向前后，也可根据增补桩基的数量，将新桩和原桩（旧桩）布置在同一轴线上或错位布置，应避免新桩施工困难或压缩通航断面。为保证新旧桩基的共同受力，可通过设置承台或系梁将新旧桩基相连。新桩为钻孔摩擦桩时，新桩与原桩中距不得小于桩径的2.5倍；新桩为钻孔端承桩时，新桩与原桩中距不得小于桩径的2.0倍；桩径不一致时，按桩径较大的控制中距。在加固设计时，应进行原桥基础承载能力检算、新桩单桩容许承载能力验算、新桩沉降计算及沉降控制、群桩的承载能力验算等。

如需新增承台，新增承台可将原桩基（含原桩间系梁）部分包裹在内，承台厚度一般不小于1.5m，依据新旧桩基的布置，尽量减小承台体积，可采用菱形、H形等多边形构造，并应满足桩基距离承台的最小距离要求。为保证新建承台有效地将新旧桩基联结为一个整体，共同受力，可在新建承台与既有承台、系梁、桩基结合面采用植筋或设置剪力键等方式，进行结合面处理。在加固设计时，应进行新承台的抗弯抗压承载能力验算、抗剪切强度计算、冲切计算等。

增补桩基加固法在设计及施工阶段应注意，若增加的桩基会引起河床过水断面的减少，增加流速，加剧河床的局部冲刷，应对局部冲刷深度进行评估分析；新增桩基在钻孔过程中塌孔、振动等对地基产生扰动，会使原桩基摩阻力下降，承载能力受到影响；施工工作面受限，施工机械可能会对原结构产生碰撞、刮擦等；对位于岩溶地区、湿陷性黄土等不良地质地区的桩基，应做好前期地质勘察工作，确保施工安全。

3.2.4 地基加固法

（1）地基注浆加固法

注浆材料要求浆液的黏度低、流动性好；浆液的凝胶时间在大范围内可以调节，且易准确控制；浆液的稳定性好，在常温常压下长期存放不改变性质，不发生任何化学反应；浆液对注浆设备、管路、混凝土结构物、橡胶制品无腐蚀，并容易清洗；浆液固化时无收缩现象，结石体有一定的抗压、抗拉强度。

地基注浆加固法根据注浆材料的不同，主要分为水泥灌浆法、双液硅化法（水玻璃、氯化钙）、单液硅化法（水玻璃）、无压力单液硅化法、碱液法。其中，水泥灌浆法主要适用于砂土与碎石土的渗透灌浆和黏性土、填土和黄土中的压密灌浆及劈裂灌浆；双液硅化法适用于渗透系数为 0.1~80m/d 的粗颗粒土；单液硅化法适用于渗透系数为 0.1~2m/d 的湿陷性黄土；无压力单液硅化法宜用于自重湿陷性黄土；碱液法适用于处理既有建筑物的非自重湿陷性黄土地基。

注浆设计中应包括注浆材料的选择、注浆的有效范围设定、注浆孔的布置、注浆量、注浆压力、注浆顺序、初凝终凝时间等，应进行室内浆液的配合比试验，并要求在正式施工前进行现场注浆试验，以求得合适的施工参数，并检验施工方法和设备。在设计前应查明加固土层的分布范围、含水率、土的颗粒级配、地下水和孔隙率等土体的力学指标。浆液及其配合比的设计必须考虑注浆目的、地质情况、地基土的孔隙率、地下水的情况等，在满足所需要求的前提下确定最佳配合比。初凝时间根据地质条件和注浆目的确定，在砂土地基中，一般初凝的时间为 5~20min，在黏性土中劈裂注浆时，一般浆液的凝结时间为 1~2h。注浆量宜在施工现场进行试验确定，一般黏性土地基的浆液注入率为 15%~20%。注浆压力主要取决于浆液材料的稠度，压密注浆若采用水泥砂浆浆液，坍落度为 25~75mm，注浆压力为 1~7MPa，坍落度较小时，注浆压力可以取上限值。对劈裂注浆，在注浆范围内尽量减少注浆压力，注浆压力的选用根据土层性质及其埋深确定，砂性土的注浆压力经验数值为 0.2~0.5MPa，黏性土的注浆压力经验值为 0.2~0.3MPa。

注浆法存在的问题主要体现在以下几个方面：

① 采用注浆法加固地基，其质量控制、检验的难度相对较大，是否达到设计预期评估困难，施工需要有类似工程经验的承包商。

② 注浆过程对土体产生挤密、扰动，对既有基础的沉降有一定的影响。

③ 同一桥位处的墩台基础，因所处地层、地质的不同，按同一设计方案、施工方式进行加固，可能导致承载能力不均匀。

（2）高压旋喷桩注浆加固法

高压旋喷桩在地基处理工程中应用广泛，主要应用于增加地基强度、挡土围堰及地下工程建设、增大土的摩擦力、减小振动防止砂土液化、降低土的含水率、防止洪水冲刷和防渗帷幕等工程。

高压旋喷桩适用于处理淤泥、淤泥质黏土、黏性土、粉土、黄土、砂土、人工填土和碎石土等地基，但对于土中砾石直径过大、砾石含量过多及有大量纤维质的腐殖土，应根据现场试验结果确定其适用程度。

高压旋喷注浆材料要求浆液是真溶液，不是悬浊液，浆液黏度低、流动性好；浆液的凝胶时间在一定范围内可以调节，浆液固结后的固结体有一定的力学强度和粘结强度；浆液的稳定性好，对环境无污染；浆液对注浆设备、管路、混凝土结构物、橡胶制品无腐蚀，并容易清洗；浆液固化时无收缩现象。

高压旋喷桩在桥梁加固方面主要用于处理由于墩台承载能力不足,产生沉降变形及由于荷载等级变化,需要提升基础承载能力的情形。旋喷法设计应查明墩台基础所处的地层地质情况,并对运营过程中的病害历史和现状进行调查分析,根据病害发生、发展程度,推算现有地基承载能力。根据现状基础距离基岩的深度,可设计为端承桩或摩擦桩,根据承载能力需要提升的数值,推算加固所需的固结体的总面积,从而确定旋喷桩的断面面积和总根数。

高压旋喷桩施工过程应做好施工准备工作,垂直施工时,钻孔的倾斜度不得大于1.5%,水、气浆的压力和流量应符合设计要求。同时做好压力、流量和冒浆量的测量工作,并按要求逐项记录,出现喷嘴被堵的情况,可采取复喷的方式进行处理。施工完毕后,应及时彻底地清洗注浆管和注浆泵,管内不得残存水泥浆。

3.2.5 河床抗冲刷防护

河床的冲刷下切使基础埋置深度或长度降低,当达到局部冲刷深度时,影响基础的承载能力和稳定性。对中小桥,当河床存在冲刷下切问题时,应进行抗冲刷防护。

(1) 上游增设消能设施

消能是指通过工程措施,使水流在运动过程中克服各种阻力做功,消耗一部分机械能量,如动能、势能,使之转化为热能,热能在环境中难以再被利用,消耗在环境中,随之降低了水流的冲刷作用。工程中常用的消能方式有挑流消能、面流消能和底流消能。各种消能方式均有利弊,应根据实际情况选择合适的消能方式。对比降比较大的河床,应在桥梁上游设置消能设施,降低水流的流速。

(2) 下游增设淤砂坝

淤砂坝也称为拦砂坝,是以拦蓄山洪、河流、泥石流中的固体物质为主要目的,防止河道下切的构筑物。设置淤砂坝提高了坝址处的侵蚀基准,通过淤积的河沙等淤积物,减缓了淤砂坝上游河床的比降,加宽了河床,并使流速和径流深减小,从而大大减小了水流的侵蚀能力。同时淤积物淤埋了上游河岸坡脚,使坡面冲刷作用和岸坡崩塌减弱,最终趋于稳定。根据坝体材料的不同,淤积坝可分为砌石坝、土坝、铁丝石笼坝、钢筋混凝土坝、金属格栅坝等。

(3) 桥台抗局部冲刷柔性防护

目前,桥台局部冲刷柔性防护应用最广泛的是石笼,石笼主要有两种:一种是由钢筋骨架和编织网组成;另一种是无骨架的编织网。编织网一般采用铅丝,为六角形孔眼,石笼内装河卵石或块石,其抗冻性能冻融循环次数宜大于50,密度宜大于1700kg/m³。

(4) 河床铺砌

河床铺砌有自然铺砌和人工铺砌两种。自然铺砌又称粗化,指河床冲刷时水流带走细颗粒泥沙,使床面泥沙的粒径逐渐增大的现象。人工铺砌是指为防止河床冲刷引起的破坏,在床面铺砌碎石或沙砾等物,以改善河床土质,减轻冲刷。工程上的河床铺砌多指人工铺砌。桥下铺砌一旦出现小坑小洞,应及时维修,避免出现大面积的冲刷导致桥梁倒塌。对于河床铺砌出现大面积破损的情况,应及时抢修,并仔细检查基础是否被淘空，一旦威胁桥梁安全，应及时封闭交通。

在河床铺砌前，首先对河道开挖边线范围内的植被、建筑垃圾等进行清理，严格按设计边坡和纵向坡率开挖，避免出现超欠挖现象。一般应先砌筑上下游的截水墙，截水墙基础应在局部冲刷线以下。河床砌体应上下错缝、内外搭砌，砌块间的砂浆应饱满，并加强养护。

（5）设置调治构造物

调治构造物指的是为引导或改变水流方向，使水流平顺地通过桥孔，以减缓水流对桥位附近河床、河岸的冲刷而修建的水工构造物。调治构造物的布设要顺应水势，因势利导、因地制宜，应结合河段特性、水文、地形和地质等自然条件，桥头路堤位置，通行要求，水利设施等因素综合考虑。

调治桥梁附近水流的构造物主要包括导流堤、梨形坝、长堤、丁坝、顺坝、截水坝等。其主要作用是整治河道，使水流均匀顺畅地通过桥孔，防止桥位附近的河床和河岸产生不利的变形，以保证桥梁墩台和桥头引道的正常使用以及附近河堤、建筑、农田等免受水害。

调治构造物的建筑材料应因地制宜、就地取材，一般可用轻亚黏土、亚黏土、砂砾土、砾石或卵砾石、片石等砌筑，而不宜用重黏土、粉砂、淤泥、盐渍土或有机质的土壤填筑。调治构造物应进行分层夯实或压实。常用的防护类型有：种草、铺草皮、干砌片石、浆砌片石、铁丝石笼、抛石等。浆砌片石是一种抗冲性能较好的防护工程，石料宜选用较坚硬、耐冻、未风化的片石，一般需采用 $10 \sim 15 cm$ 厚的砂砾、卵石或碎石垫层。当护坡较长时，每隔 $10 \sim 15 m$ 应设置伸缩缝，并在对应的基础上设置沉降缝，缝宽一般为 $2 cm$，以沥青麻絮或沥青板条填塞。

实践表明，桥梁所遭受的水害不少是由于忽视了调治构造物的布设而引起的。合理地布置桥梁调治构造物，不仅能起到保桥护路的作用，而且能为治河、保田等创造有利条件。一般情况下，变迁性河段、游荡性河段、宽滩性河段及冲积漫流性河段必须设置调治构造物，而稳定性河段及次稳定河段，在两岸漫溢流量大或河滩河槽受到较大压缩时，应对引道进行必要的防护。各类调治构造物既可单独设置，也可联合设置。设计时，各种调治构造物的布置、形式和尺寸均应结合河流特征、水文、地形、地质、河滩引道和水利设施等因素，综合考虑。

4 桥台前墙及基础竖向或斜向开裂案例

4.1 工程概况

某高速公路起于普安县新寨河西岸，接沪昆高速公路，经王家寨、长耳营、雨樟、格沙屯、万屯，止于兴义市红岩洞，接汕昆高速公路，是贵州省高速公路网规划中"六纵"毕节至兴义高速公路的组成部分，2012年建成通车。2号桥下行桥，桥梁全长294m，上部结构形式为（5×30+4×30）m装配式预应力混凝土连续T梁。大桥为整体式路基，桥面全宽为24.5m，下部结构形式为双柱式桥墩，灌注桩基础，桥台为重力式U形桥台，扩大基础（图4-1～图4-3）。桥梁设计荷载等级：公路-Ⅰ级。

图 4-1　2号大桥下行9号桥台外业调查

图 4-2　2号大桥下行9号桥台正面照

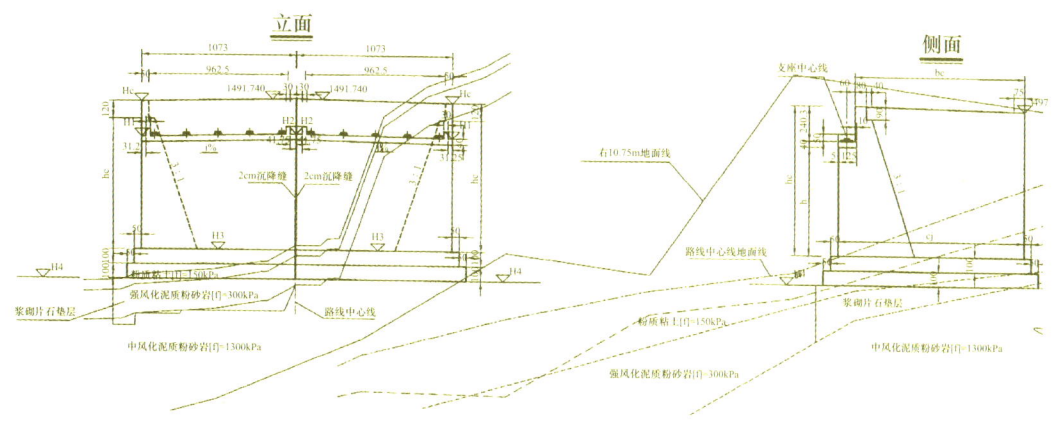

图 4-3　2 号大桥下行 9 号桥台一般构造

为改善高速公路行车环境，向社会提供一流路况，根据某高速公路桥梁定期检查结果，高速运营公司将包括 2 号桥下行桥的 9 座三类桥梁列为养护专项工程。本次检测结果表明，2 号大桥下行 9 号台台身及基础开裂较为严重（图 4-4）。

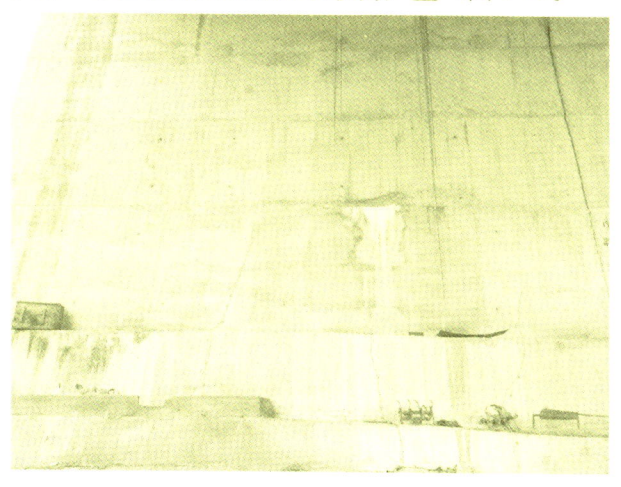

图 4-4　2 号大桥下行 9 号台台身及基础裂缝

4.2　病害原因分析

从 2 号大桥下行 9 号台一般构造图中可以看出，桥台采用扩大基础。对比上、下行 9 号台地基，下行 9 号台扩大基础底部挖除原粉质黏土及强风化泥质粉砂岩，采用浆砌片石垫层进行地基处理。上行 9 号台扩大基础底部位于中风化泥质粉砂岩层，地基承载力相对较高，并且上行 9 号台前墙未见明显裂缝。因此分析得出结论，由于下行 9 号台浆砌片石垫层施工因素影响，桥台发生不均匀沉降，导致前墙开裂。

4.3　桥梁加固主要内容

为确保桥梁的安全运营和耐久性，必须对其加固修复。结合桥梁现阶段结构变位、裂缝分布、结构计算和其他病害等基本状况,提出以下加固目标及措施。

4.3.1 加固荷载标准

加固荷载：公路-Ⅰ级。

4.3.2 加固目标

(1) 恢复受损台身和基础的整体性;
(2) 处置桥台各构件出现的裂缝;
(3) 处置桥台地基,抑制后期不均匀沉降。

4.3.3 加固修复措施

(1) 桥台裂缝,对缝宽≥0.15mm 的裂缝采用压浆法灌缝封闭处置,对缝宽＜0.15mm 的裂缝进行表面封闭;施工结束后对裂缝进行跟踪观察,若进一步开裂,应采取相应的加固处置措施。

(2) 2 号大桥下行 9 号台采取钢花管地基注浆加固(图 4-5、图 4-6)。

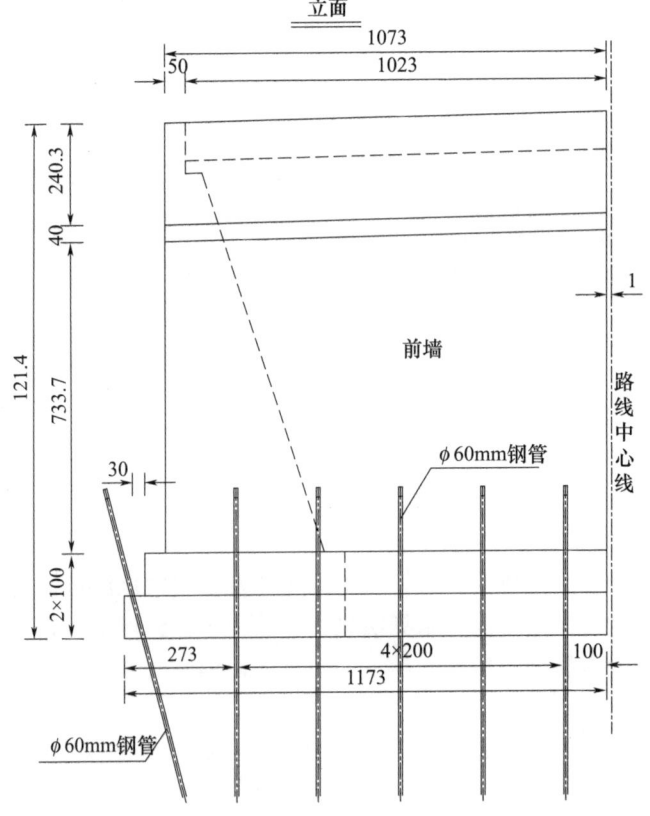

图 4-5 地基注浆钢花管立面

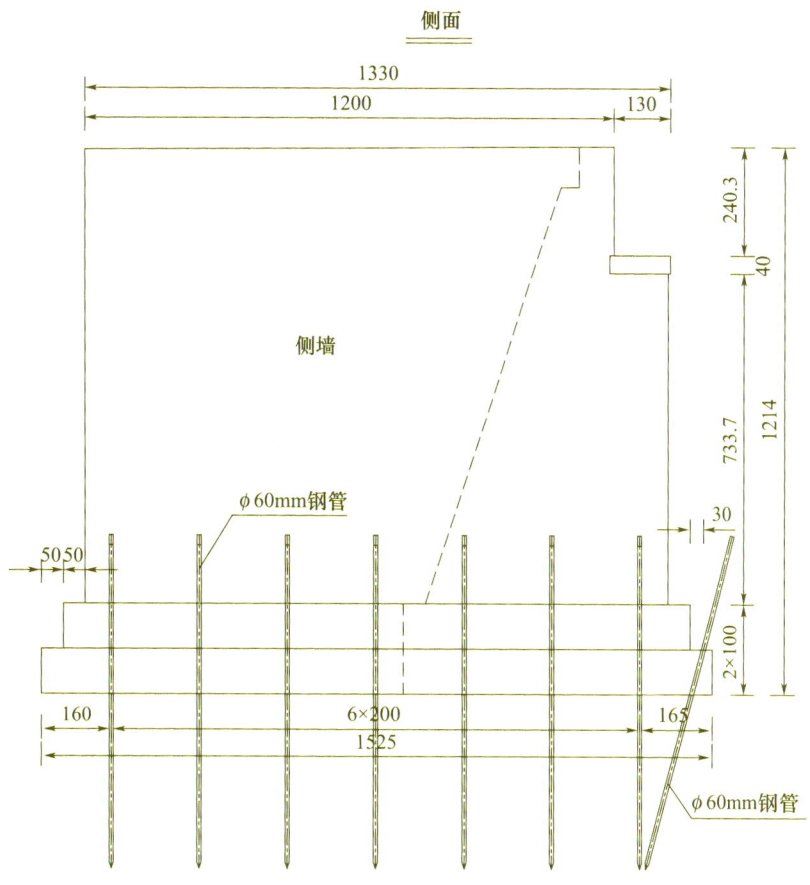

图 4-6 地基注浆钢花管侧面

4.3.4 地基土注浆注意事项

(1) 钢花管注浆钻孔孔径 ϕ90mm，花管采用 ϕ60mm 的钢管，壁厚≥3.5mm，花管分为注浆段和止浆段两部分。钢管注浆段钻直径为 ϕ8mm 的注浆孔眼，孔眼按照每隔 10cm 布置 4 孔均匀分布于管壁四周，梅花状布置，距地表 1.0m 左右为止浆段，不钻注浆孔眼。注浆材料采用 42.5 号（原 525 号）普通硅酸盐水泥，水灰比 1∶1 左右。注浆顺序应按具体图纸所示进行，注浆瞬间最大压力不大于 1.5MPa，稳定压力为 1.2MPa。为确保注浆的密实性及结构安全，施工时应反复间歇注浆。

(2) 水泥浆用量按锚杆长度每米 0.4t 估算，施工时按实际用量调整。

(3) 采用压浆泵进行压浆，控制压浆压力在 1.2MPa 左右，当压力急剧上升或压浆管剧烈抖动时，应立即停止压浆，并迅速打开回浆阀门，避免漏浆、爆管。

(4) 当注浆压力超过 1.2MPa 并继续增高、走浆困难或管顶周围出现返浆时，可以终止压浆。

(5) 在钢花管锚杆注浆成孔前，按设计要求定出孔位并作出标记和编号，孔位和孔深允许偏差为 50mm。

（6）锚杆压浆必须设置专人对桥台台身及基础进行严密观察，避免压浆压力过大造成桥台变位、倾覆、开裂等情况，若发现异常应立即停止压浆，调整压力及注浆量。

（7）注浆的施工次序应严格按设计图纸的要求进行，逐孔施工。严禁先钻许多孔，再一一注浆的施工方式。

（8）注浆施工时需要查清地基持力层的地质情况，经设计、监理、施工三方核实后方可进行注浆施工。

（9）地基土注浆在施工过程中势必会对原结构造成扰动，存在施工期间出现意外情况的可能性，所以施工过程中必须做好预警观测、检测工作，以免发生施工安全事故。施工期间应建立预警观测档案，全过程对原桥台的病害情况进行观测、检测和记录，特别是应监视注浆全过程，注意原来的裂缝是否有发展的趋势、是否有新的裂缝产生等异常情况，如果发现异常情况，应立刻停工并上报。

4.4　本章小结

本案例重力式U形桥台出现竖向或斜向开裂，处置此类问题，在裂缝的形态上应重点关注裂缝的宽度变化，如是自下而上裂缝由宽变窄，还是自上而下裂缝由宽变窄，并查明裂缝是否延伸贯通，必要时钻芯探测裂缝深度，结合扩大基础基底地质情况、路面排水情况等，综合研判病害产生的原因，并采取针对性的加固措施。

5 桥台台身前倾案例

5.1 工程概况

5.1.1 桥梁概况

1号特大桥中心桩号为K2+848,为整体式路基双幅桥,跨径组合为11×30m(西引桥)+(65+3×100+65)m(主桥)+12×30m(东引桥),与路线正交。主桥(图5-1)单幅桥宽13.25m。主桥上部结构为变截面预应力混凝土连续箱梁,箱梁为三向预应力体系单箱单室结构,顶板宽度为13.25m,底板宽度为6.75m,中支点梁高5.5m,中跨合龙段及边跨现浇段梁高2.5m,箱梁顶板厚度为26cm,底板厚度为35～80cm,腹板厚度为45～60cm;主桥下部结构采用薄壁空心桥墩,基础为桩基础。引桥上部结构为30m预应力混凝土双箱单室连续箱梁,单幅桥面全宽为13.25m,茅山侧引桥随匝道宽度渐变;下部结构为钢筋混凝土矩形独柱墩,基础为桩基础;桥台为薄壁台,基础为桩基础。全桥桥面为水泥混凝土铺装,主桥采用QZ盆式橡胶支座,引桥采用盆式橡胶支座。原桥设计荷载等级为汽车-超20级,挂-120;加固设计荷载等级为汽车-超20级,挂-120。

图5-1 桥梁概貌

2014年4月，施工单位按照1号特大桥左幅28号桥台加固方案的要求对其台前填土进行了开挖，开挖后基坑进水，在积水对土体的侵蚀下，左幅28号桥台前倾变形加剧，同时，右幅28号桥台也开始向临空面前倾。检测公司对桥台纵向、横向位移及竖向位移进行了全程监测。

5.1.2 原桥台病害发展情况

2005年5月和2008年6月，在某路桥检测有限公司对1号特大桥进行的检测中，发现左幅28号桥台前墙由2条竖向裂缝发展为多条竖向、横向和斜向裂缝（图5-2～图5-5），裂缝宽0.1～4mm；桥台侧墙由1条横向裂缝发展为大面积网裂及竖向裂缝，裂缝宽2～8mm。

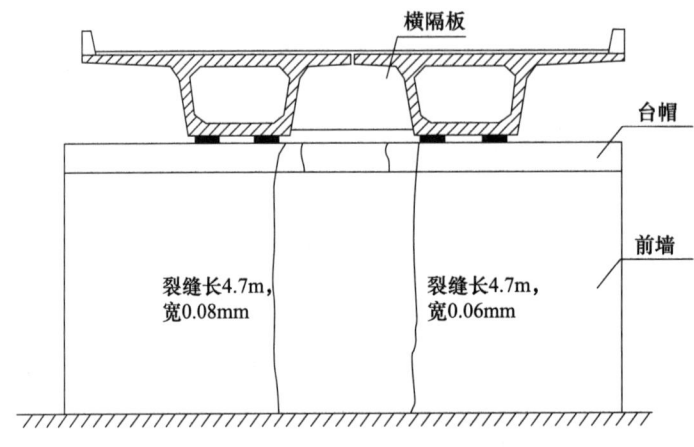

图5-2　2005年左幅28号桥台前墙病害分布图

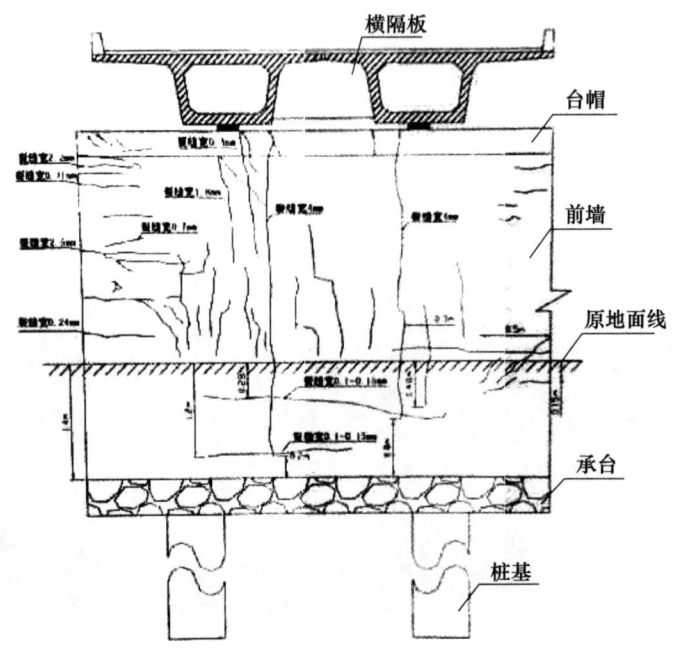

图5-3　2008年左幅28号桥台前墙病害分布图

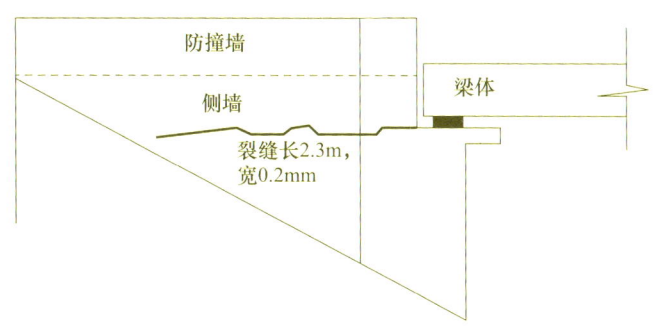

图 5-4 2005 年左幅 28 号桥台侧墙病害分布图

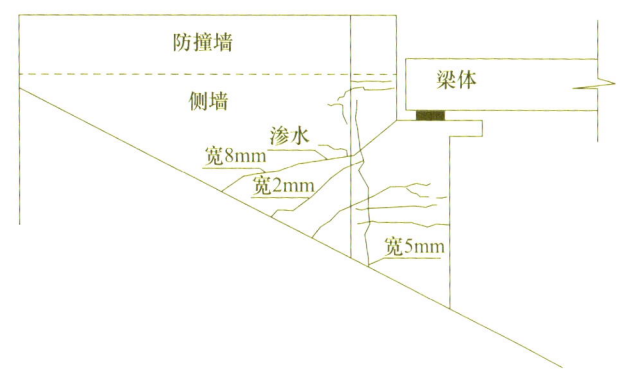

图 5-5 2008 年左幅 28 号桥台侧墙病害分布图

2008 年 9 月，业主单位对左幅 28 号桥台的台帽、台身分别采用了粘贴钢板及增大截面法进行加固，并更换了桥头搭板及伸缩缝。

2012 年 12 月，某路桥检测有限公司再次对 1 号特大桥进行了检测，发现左幅 28 号桥台前墙加固混凝土（加厚 30cm）与旧桥桥台前墙结合面出现剥离，间距 5mm（图 5-6）；旧桥前墙有向临空面前倾的现象，旧桥前墙顶部前倾位移 2.3cm，前墙与地面相接处前倾约 0.5cm，前墙加厚层表面部分竖向裂缝封闭后重新开裂；部分竖向裂缝为新增裂缝，裂缝内有白色钙化物析出。

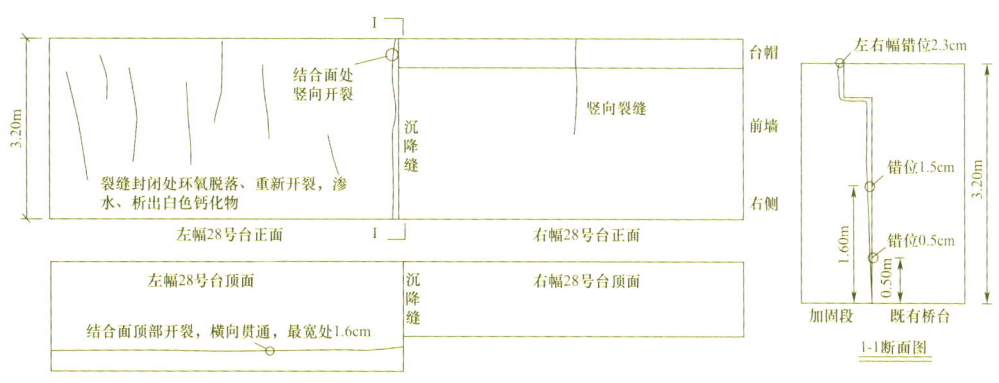

图 5-6 2012 年左幅 28 号桥台病害分布图

5.1.3 原桥台病害成因分析

从 2005 年到 2008 年，左幅 28 号桥台裂缝迅速发展，桥台前墙裂缝呈上宽下窄状态。根据裂缝的分布及形态推断，原桥台在这期间发生过不均匀沉降，导致桥台前墙竖向开裂；核查竣工图纸可知，该桥台桩基设计为嵌岩桩，桥址处于软弱地基，地表下存在含水率较大的素填土及粉质黏土层，地质条件较差，地基土不能为桩基提供有效的侧向平衡力。同时，台后填土压实度不够，台后填土渗水导致土压力增大，在台后路基填土负摩阻力及主动土压力的共同作用下，桥台前墙向临空面前倾，桥台开裂，在超重、超限车辆的反复冲击下，桥台裂缝逐渐发展。

5.1.4 原桥台加固设计方案

针对左幅 28 号桥台前墙前倾及竖向、横向裂缝，先凿除原台身 30cm 加厚层，清理台身表面，封闭裂缝，增设台前桩基、承台及肋板，通过新增肋板对旧桥台台身进行加固补强，通过新增桩基提高桥台基础竖向承载能力及顺桥向抗推刚度（图 5-7、图 5-8）。

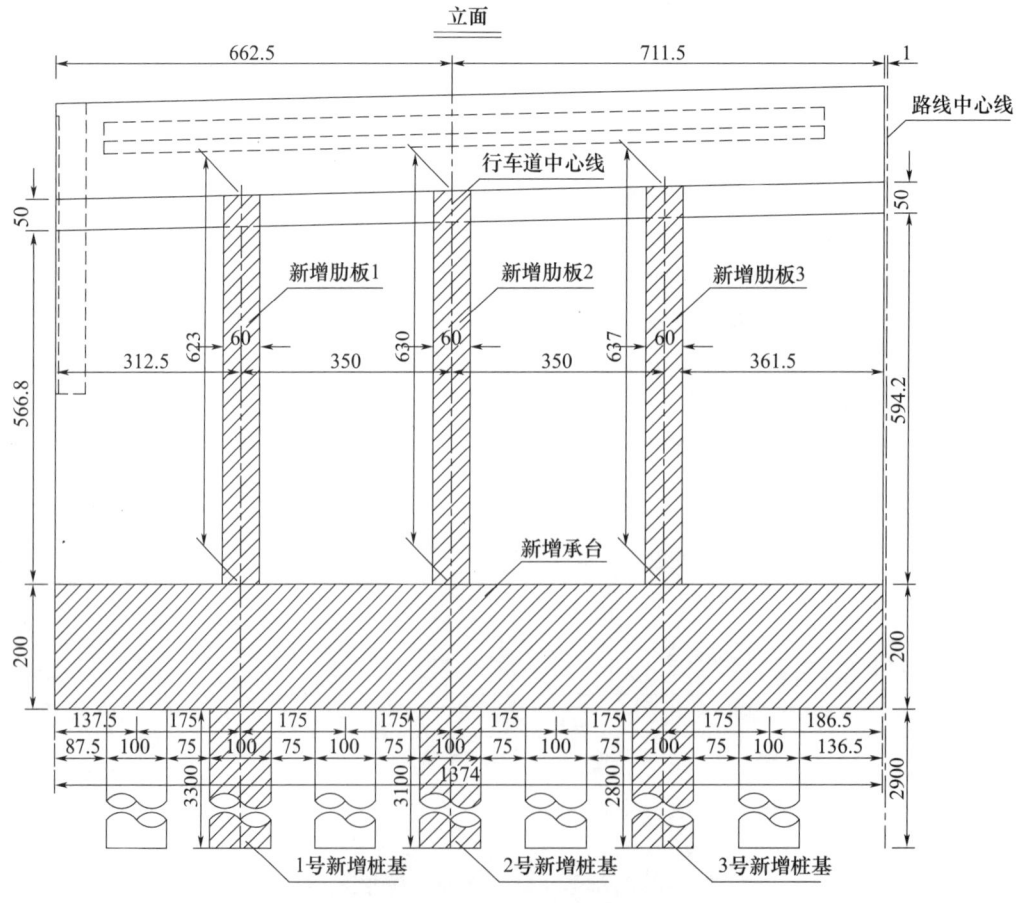

图 5-7 左幅 28 号桥台原加固方案立面

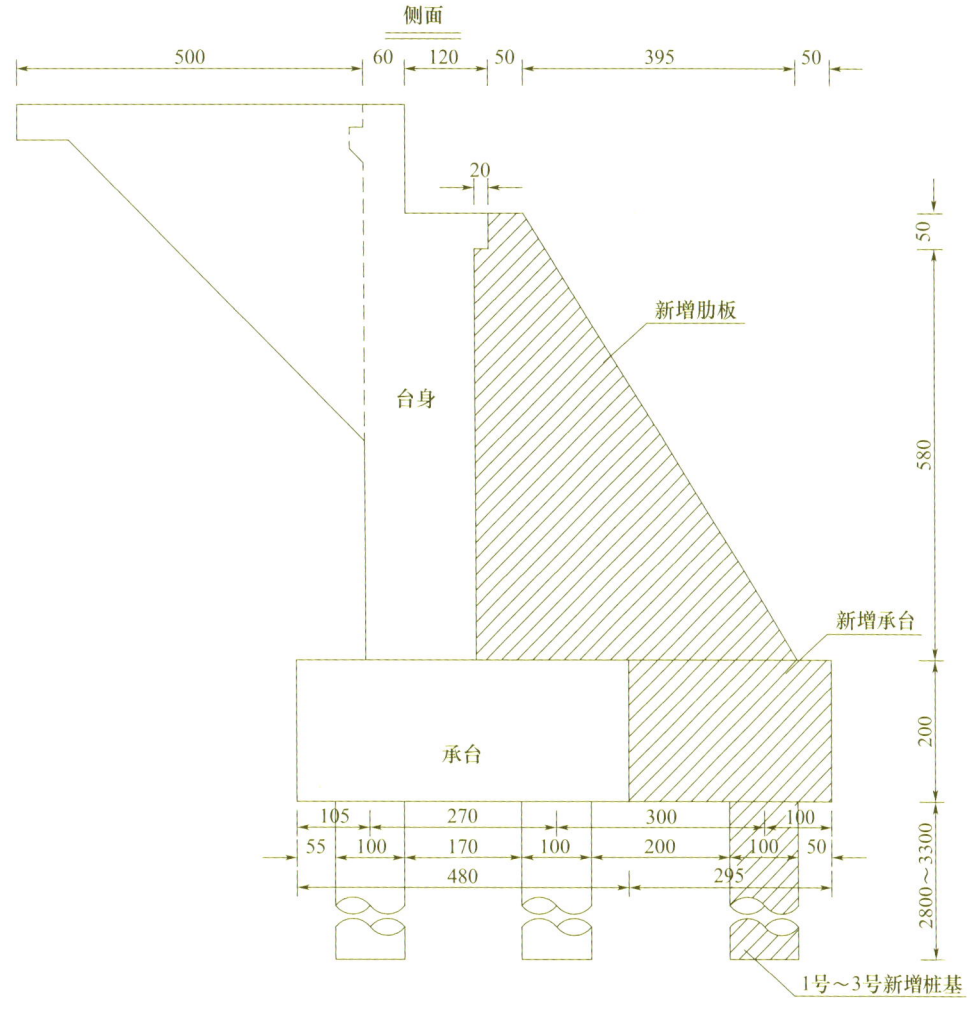

图 5-8 左幅 28 号桥台原加固方案侧面

根据钻孔资料显示,左幅 28 号桥台新增桩基处存在较厚的砂层(图 5-9),其中 1 号新增桩基砂层厚 19.4m,2 号新增桩基砂层厚 16.2m,3 号新增桩基砂层厚 9.85m,且地下水位较高,桩基成孔不宜采用人工挖孔;受桥下净空限制(桥下净空 6.3m 左右),同时考虑施工过程对原桥台的影响,也不宜采用冲击钻。因此我们建议采用回旋钻成孔,在桩基穿越砂层的施工过程中,须设置钢护筒,钢护筒应设置在砂层段以下 2m 处,以保证钻孔过程中不塌孔。

5.1.5 桩基施工变更

施工单位在施工前反映钢护筒无法下沉,并按照原桥台加固方案的要求对桥台台前填土进行了开挖,开挖后基坑进水,在积水对土体的侵蚀下,桥台前墙持续向临空面前倾,为防止桥台失稳,施工单位对基坑进行了回填。根据施工单位反映的钢护筒无法下沉等情况,某高速公路有限公司召集有关各方进行了讨论。根据《1 号特大桥加固工程

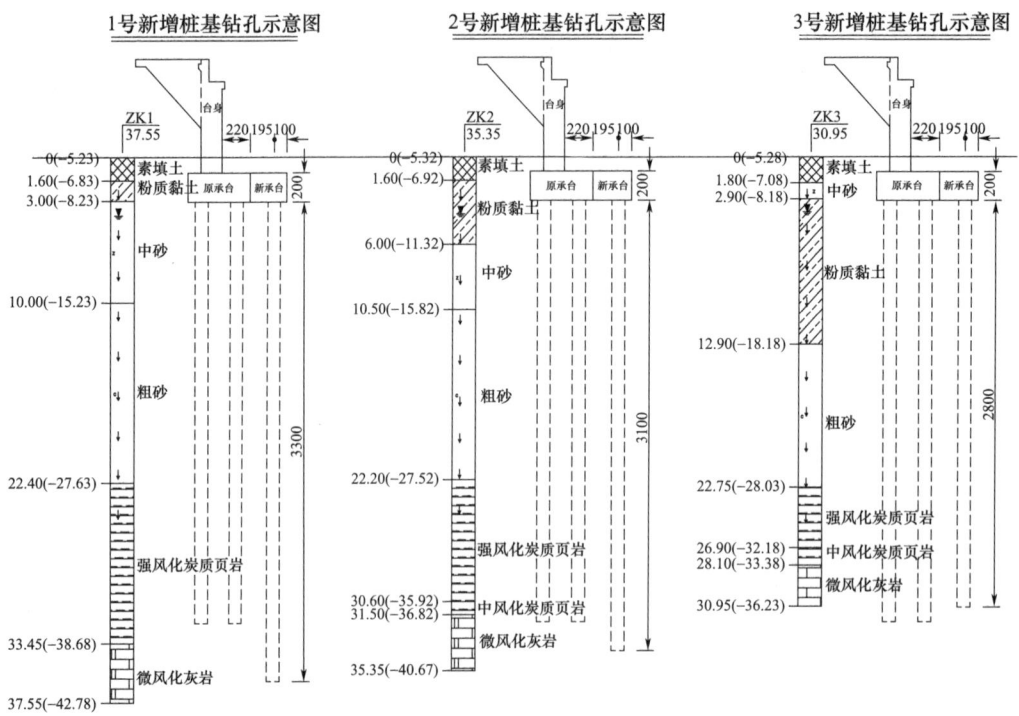

图 5-9 左幅 28 号桥台钻孔资料

28 号桥台桩基专项施工方案评审会会议纪要》(会纪〔2014〕19 号)文件要求,在砂层分布区域,采用在新增桩基四周设置高压旋喷桩的方式(图 5-10、图 5-11),组成新增桩基防护层,防止新增桩基在成孔过程中塌孔。

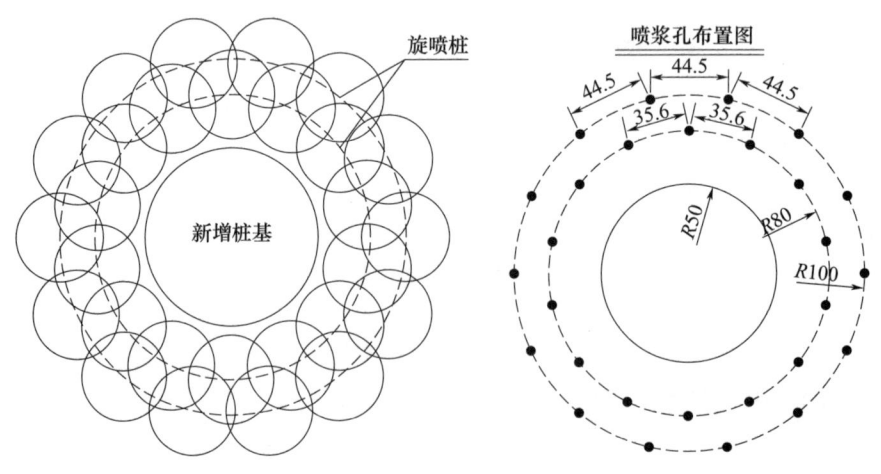

图 5-10 旋喷桩平面布置图

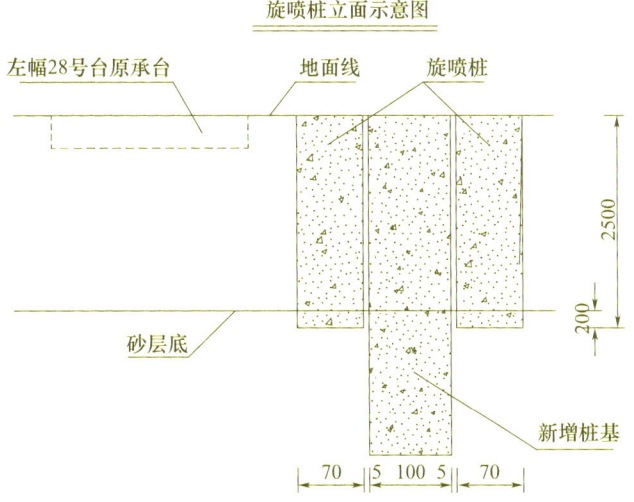

图 5-11 旋喷桩立面示意图

5.1.6 高压旋喷桩试桩结果

2014年7月12日至7月13日，某交通建设工程检测有限公司对1号特大桥桥梁加固工程的高压旋喷桩（试桩）进行了钻孔抽芯检测，检测桩号为1-N8，总进尺为13m。其中，1-N8桩0～8.4m为桩身水泥土，8.4～13m为持力层。检测结论为1-N8桩桩身水泥土芯样强度满足设计要求，桩长不满足设计要求。

2014年8月16日至8月17日，某交通建设工程检测有限公司再次对1号特大桥桥梁加固工程的高压旋喷桩（试桩）进行了钻孔抽芯检测，检测桩号为1-N9、1-W13，总进尺为42.9m。其中，1-N9桩0～14.3m为桩身水泥土，14.3～21.9m为持力层；1-W13桩0～13.03m为桩身水泥土，13.03～21m为持力层。检测结论为1-N9桩、1-W13桩桩身水泥土芯样强度满足设计要求，桩长不满足设计要求。

根据抽芯检测报告，地面以下0～13m砂层能成桩，且桩体强度满足设计要求，而地面以下13～21m砂层不能成桩。分析认为，一个可能的原因是砂层中地下水存在流动性，压入的水泥浆被地下水带走，导致不能成桩；另一个可能的原因是在取芯过程中钻杆垂直度控制不好，出现取样偏离的情况。

由于采用高压旋喷桩无法达到止水帷幕的预期效果，根据《1号特大桥加固工程28号桥台加固方案协调会议纪要》（会纪〔2014〕40号）文件要求，进一步调查、收集相关资料，对桥台病害作进一步分析、评估和评判，确定加固原则后，进行加固方案调整和完善工作。

5.2 桥台变形监测结果及验算分析

5.2.1 桥台变形监测结果分析

2014年4月，施工单位按照1号特大桥左幅28号桥台加固方案的要求对其台前填土进行了开挖，开挖后基坑进水，在积水对土体的侵蚀下，左幅 28 号桥台前倾变形加剧，同时，右幅 28 号桥台也开始向临空面前倾。检测公司对桥台纵向、横向位移及竖向位移进行了全程监测（图 5-12～图 5-15）。

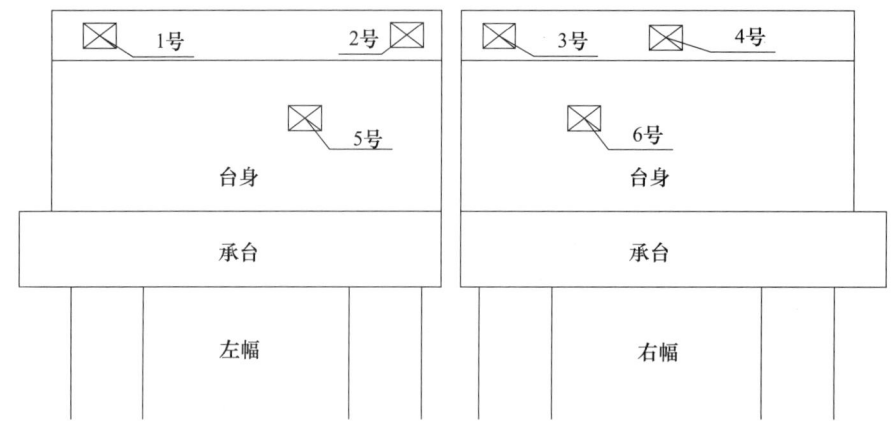

图 5-12　1 号特大桥 28 号桥台监测观测点布设立面示意图

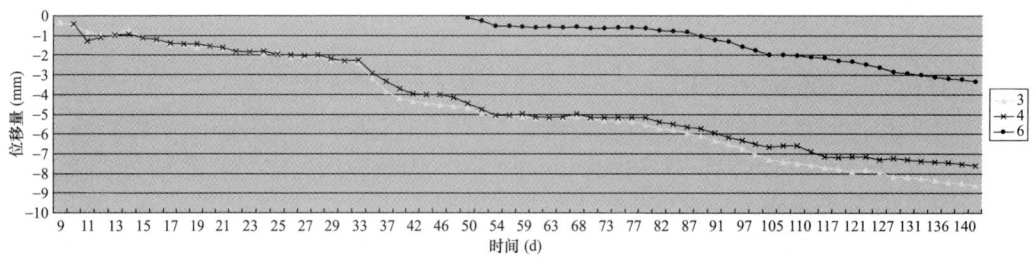

图 5-13　1 号特大桥右幅 28 号桥台纵向位移-时间曲线图

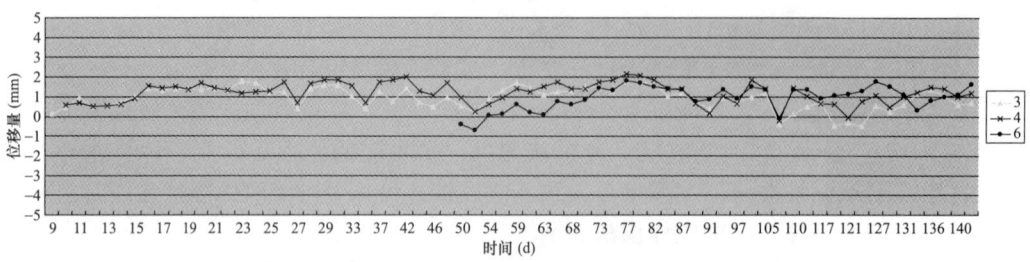

图 5-14　1 号特大桥右幅 28 号桥台横向位移-时间曲线图

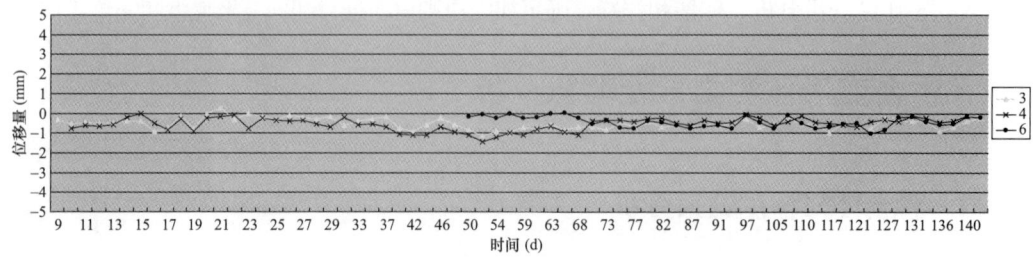

图 5-15　1 号特大桥右幅 28 号桥台竖向位移-时间曲线图

监测结果显示：截至 2014 年 9 月 15 日，3 号、4 号监测点的累计纵向位移量分别为－8.63mm、－7.62mm，6 号监测点纵向位移值为－3.35mm。综合数据分析，桥台主要变形为纵向变形，各测点的纵向位移仍存在发展趋势。

由图 5-15 可知，右幅 28 号桥台竖向位移基本没有变化，说明尽管桥台存在纵向变形，但竖向变形基本上处于稳定状态。

5.2.2 桥台纵向位移验算分析

以右幅 28 号桥台前墙自左幅 28 号桥台台前填土开挖以来的累计纵向最大位移量 8.63mm 为强制位移，验算桥台在发生 8.63mm 的纵向位移时，桥台桩基的应力分布情况（图 5-16、图 5-17）。

计算结果表明，当桥台发生 8.63mm 的纵向位移时，桩基出现的最大拉应力为 2.54MPa，超出了《公路桥涵养护规范》（JTG 5120—2021）规定的限值 1.78MPa。从理论计算分析，桥台桩基已经存在开裂病害，但由于无法对其进行开挖检测，无法判断桩基是否也存在断桩。

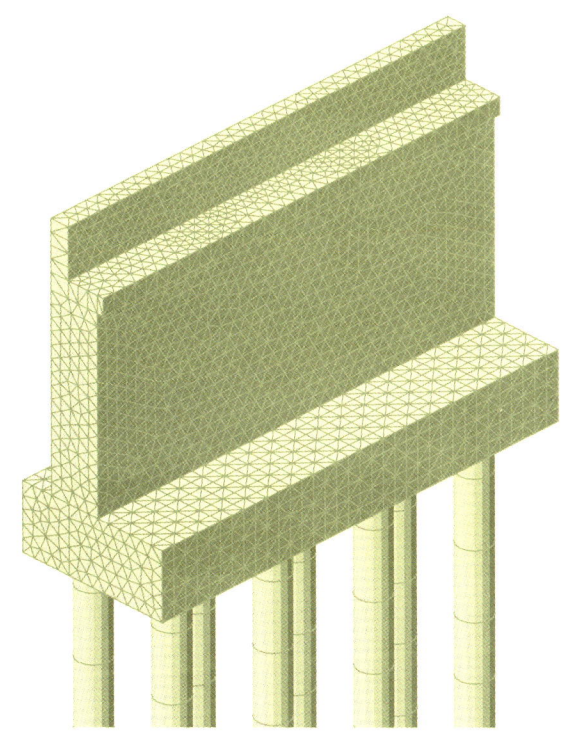

图 5-16　右幅 28 号桥台结构离散

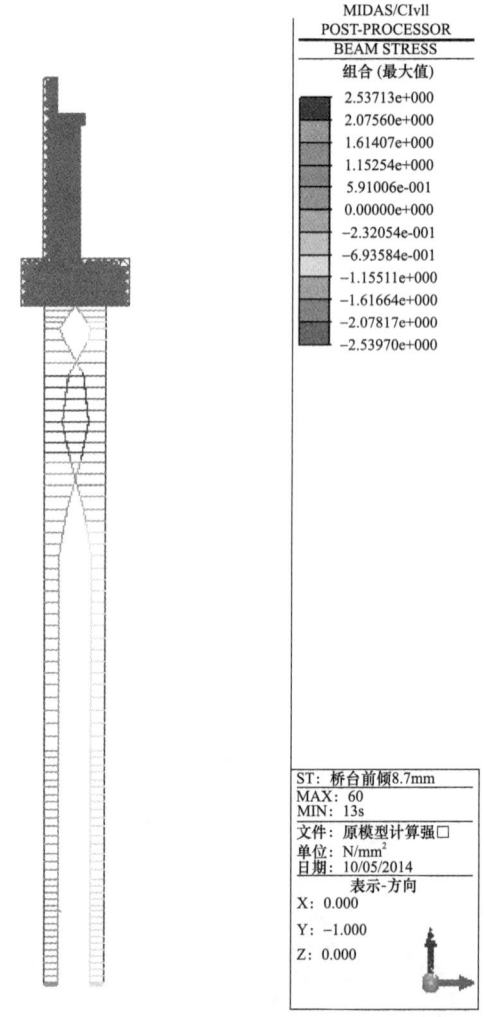

图 5-17　右幅 28 号桥台桩基应力分布

5.3　桥梁加固修复主要内容

为确保桥梁的安全运营和耐久性，必须对其加固修复。结合桥梁现阶段结构变位、裂缝分布、结构计算和其他病害等基本状况，提出以下加固施工目标及措施。

5.3.1　桥梁加固设计原则和目的

根据检测公司的监测结果，桥台竖向位移基本没有变化，说明桥台目前竖向承载力处于稳定状态；由桥台纵向位移验算可知，目前桥台桩基已经发生损伤，但是损伤程度无法准确确定。

由于目前桥台竖向承载力处于平衡状态，所以本次加固设计的原则和目的为：不破坏桥台目前的竖向稳定状态，考虑采用新增桩基的措施来平衡桥台纵向水平力，达到止倾的目的。

5.3.2 加固设计思路

为了平衡桥台纵向水平力，避免出现桩基钻孔塌孔的危险，减小加固施工对原桥台竖向平衡状态的扰动，通过在台前新增静压钢管桩、承台及肋板来提高桥台顺桥向抗推刚度，静压钢管桩按摩擦桩设计。

根据墩台竖直度的要求，竖直度不应大于2cm及3‰墩台高中的较小值，本桥右幅28号桥台台高630cm，竖直度的限值为1.89cm。考虑已经偏移8.63mm，且目前仍呈前倾的趋势，故取台身顶部再产生5mm的纵向水平位移后，桥台就不再前倾，由此推算新增静压钢管桩的设计竖向承载力。

5.3.3 加固设计措施

采用静压的方式在28号桥台前增设3排φ325mm的钢管桩，间距为114cm×100cm，桩长19m，共计36根；靠近原桥台的两排钢管桩按竖直设计，最外一排钢管桩按倾斜10°设计，单桩设计竖向承载力不小于360kN；然后在原桥承台及台身植筋、绑扎钢筋网，浇筑新增承台及肋板混凝土（图5-18、图5-19）。

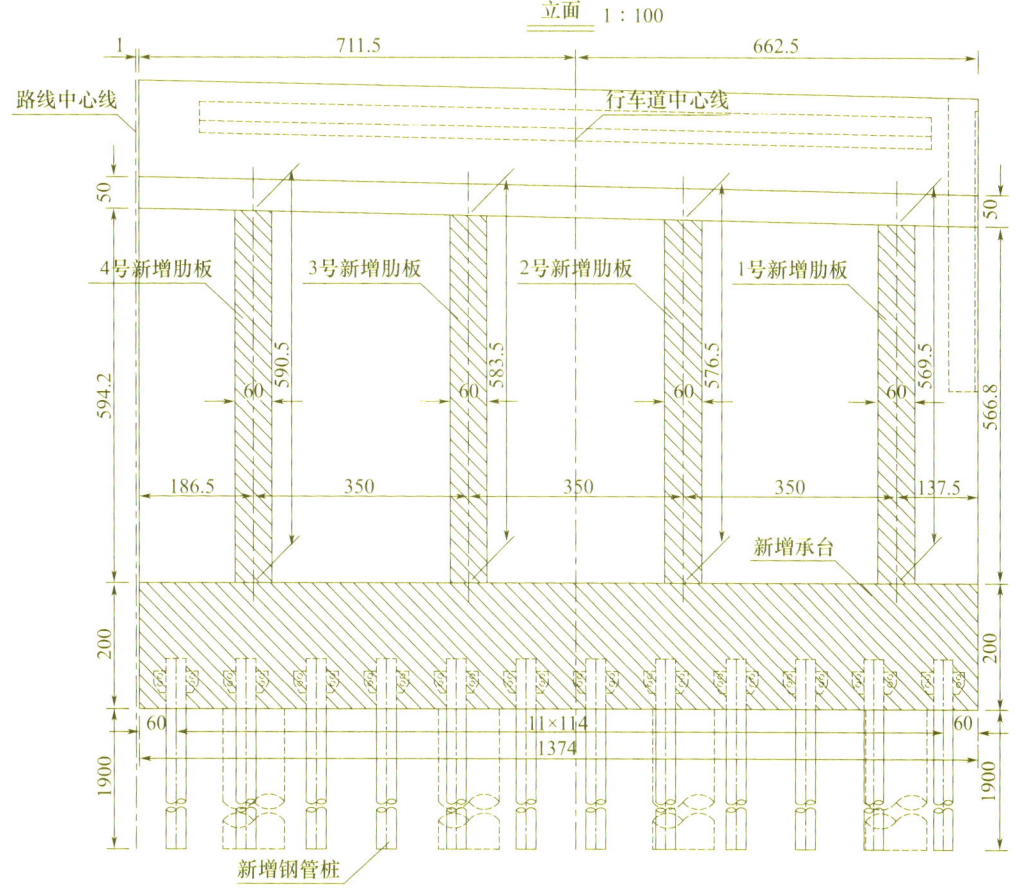

图5-18 右幅28号桥台加固立面

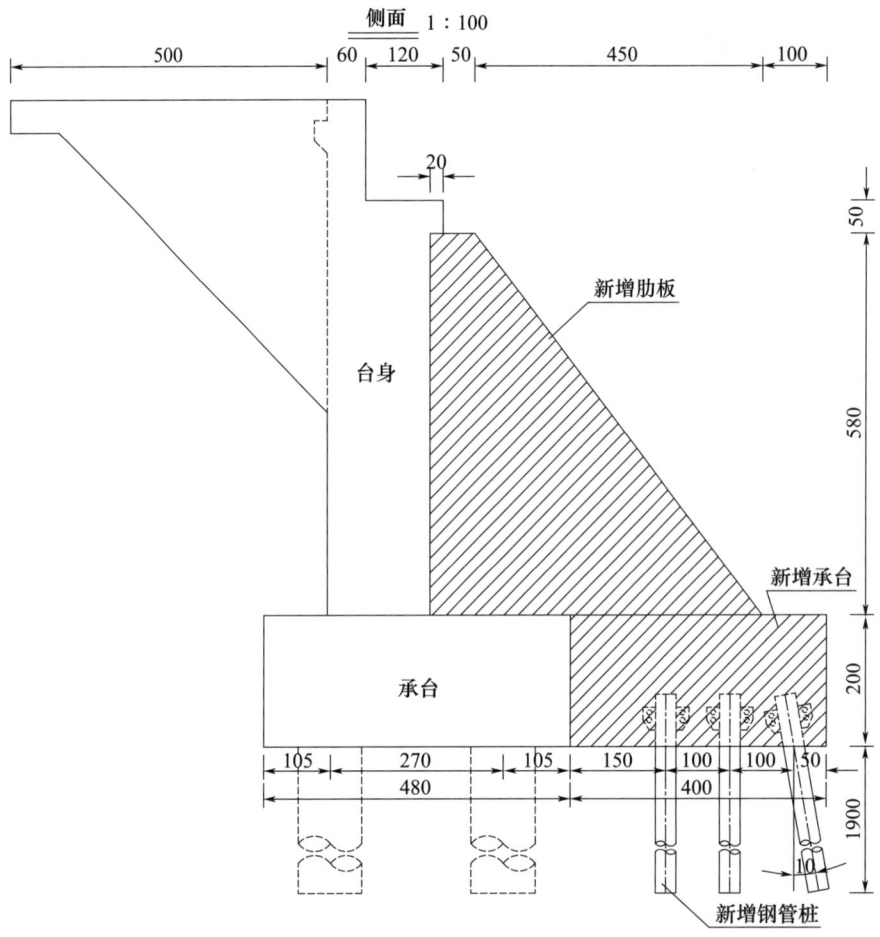

图 5-19 右幅 28 号桥台加固侧面

5.3.4 问题和建议

(1) 受桥台位置空间限制,静压机无法进入,建议采用混凝土块作为反力装置进行钢管桩静压,配重吨位为所需反力的 1.5~2 倍;同时,钢管桩采用分节段压入,每节段长度为 2.5m。

(2) 钢管桩大面积施工前应进行试桩,单桩设计承载力不得小于 360kN;施工时,钢管桩终压力不得小于 650kN,停压标准为 650kN,终压力作用 10min 内不再产生竖向位移,且入土深度不小于 10m。

(3) 钢管桩静压施工顺序建议先中间后两边、先靠近桥台后远离桥台,以防止土体逐渐挤密造成钢管桩无法下压,减小压桩过程对原桥台桩基的影响。

(4) 为防止新增肋板混凝土开裂,在浇筑新增肋板混凝土时,建议将混凝土初凝到终凝的过程控制在桥面交通量较小的夜间进行。

5.4 本章小结

本案例桥台前倾主要是台前基坑开挖,导致桥台台后土压力加大,桥台前倾加剧。处置此类问题,要充分考虑施工工序、桥下净空、地质情况等因素对加固方案的影响,避免在加固过程中产生二次病害。

6 桥台横桥向错位及开裂案例

6.1 工程概况

3号特大桥位于某高速公路,中心桩号为K2177+590。桥长833m,与路线正交,桥宽21.5m,跨径布置为27×30m;上部结构采用预制预应力混凝土T梁;下部桥台采用U形台、扩大基础;桥墩采用柱式桥墩、桩基础;支座采用圆形板式橡胶支座。该桥设计荷载为汽车-超20级、挂车-120。(图6-1)

图6-1 3号特大桥

加固工程位于广东省的某高速公路3号特大桥南桥台。所在地属亚热带季风气候区,受季风影响,气候温暖湿润,雨量充沛,夏季湿热,多暴雨。冬季干燥,有冷空气侵袭,多年平均气温为17.9~21.5℃,最高气温为38.9~39.9℃,一月份最低气温-6.9℃,多年平均降水量为2284.8mm。桥址位于区内七洪河侧岩溶化峰岭的中下部,地形陡峭,有利于自然排水,地表水系不发育。但受区内构造变形的影响,岩体节理裂隙和岩溶发育。经检查,桥台和相邻挡墙出现了基础沉降错位等情况,病害的存在与发展直接影响结构的耐久性和安全性。为了保证交通安全,延长大桥的使用寿命,需对桥台及相邻挡墙进行加固。

6.2 主要病害及原因分析

(1) 主要病害

3号特大桥南桥台与主线桥水平错位（图6-2、图6-3），在伸缩缝处水平错位6~8cm，台后路基沉降2~3cm；桥台也出现不同程度的裂缝及破损等现象（图6-4、图6-5）。

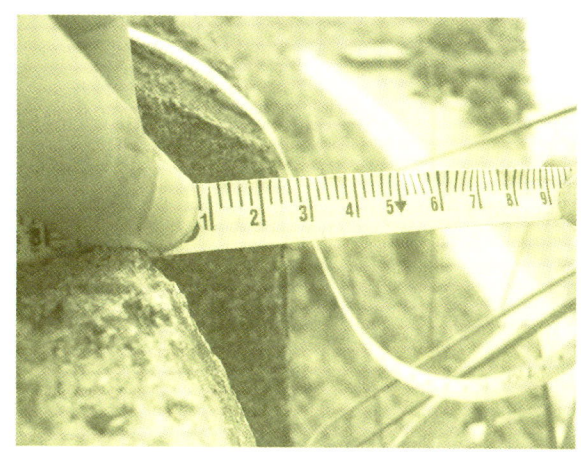

图6-2 南桥台横向错位

图6-3 护栏处错位

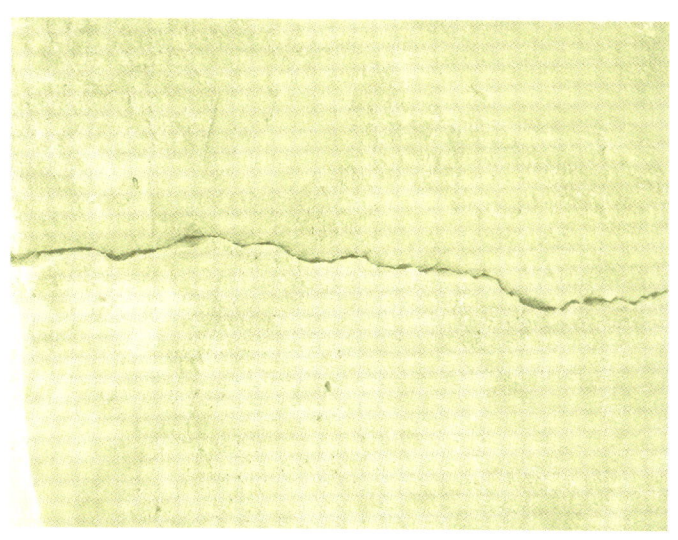

图6-4 桥台台身开裂

图 6-5　南桥台局部破损

（2）病害原因分析

地质角度分析：雨水浸泡等外界原因造成路基含水率增大，导致桥台路基强度降低，接近临界状态，变形过大引起桥台路基表面沉降、开裂和承载力不足，从而导致路基沉降和纵向开裂，桥台底部基岩基本裸露，溶沟溶槽等地表岩溶发育，石芽嶙峋；基岩内有黄红色亚黏土填充，平时基岩裂隙有水流出，出现轻微的水土流失现象。

施工角度分析：筑填桥台材料选择不当，沉降计算数据不可靠，可能导致施工结束后仍然有较大的沉降速度和沉降量；填筑方法不合理、压实质量控制不严、压实度不足也可能导致路基施工完成后出现变形或部分变形。

6.3　桥梁加固修复主要内容

6.3.1　桥台前墙加固

对于桥台前墙（图 6-6）的加固，为提高结构的抗滑度、抗倾覆稳定性，在前墙侧新增挡墙构造（图 6-7）。新增挡墙顶部与台帽下缘齐平，顶部宽度为 60cm，按 3∶1 的坡度放坡，挡墙基础地面与原桥台基础底面齐平。

6.3.2　桥台侧墙加固

对于桥台侧墙的加固，采用预应力锚索及锚索框架梁加固的方法，具体要求如下：
（1）锚索设计荷载及锁定荷载按具体设计图纸（图 6-8）执行。

6　桥台横桥向错位及开裂案例

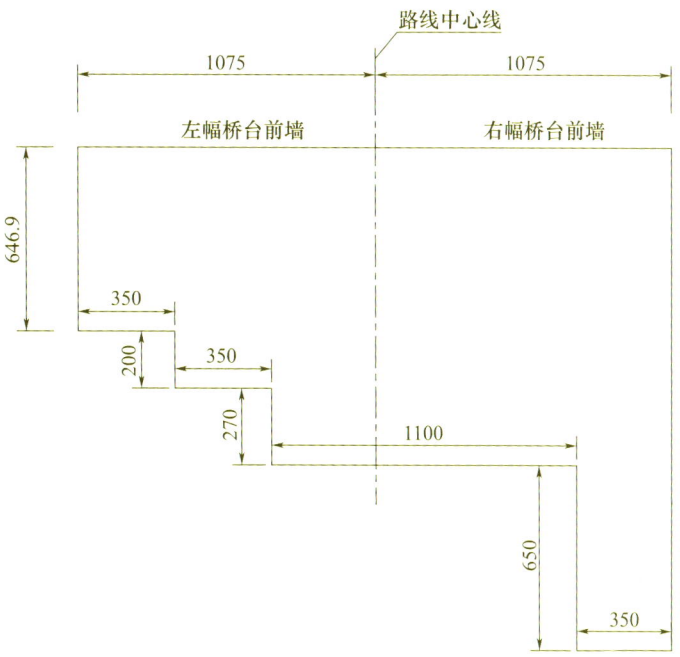

图 6-6　南桥台前墙立面图

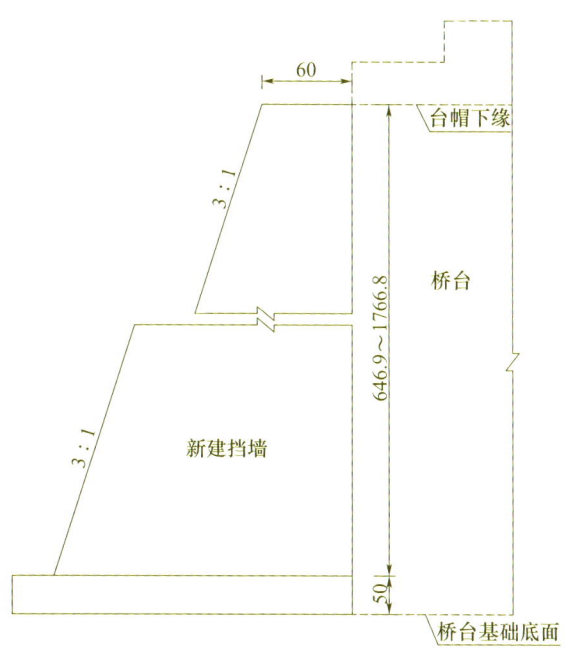

图 6-7　南桥台前墙新增挡墙侧面图

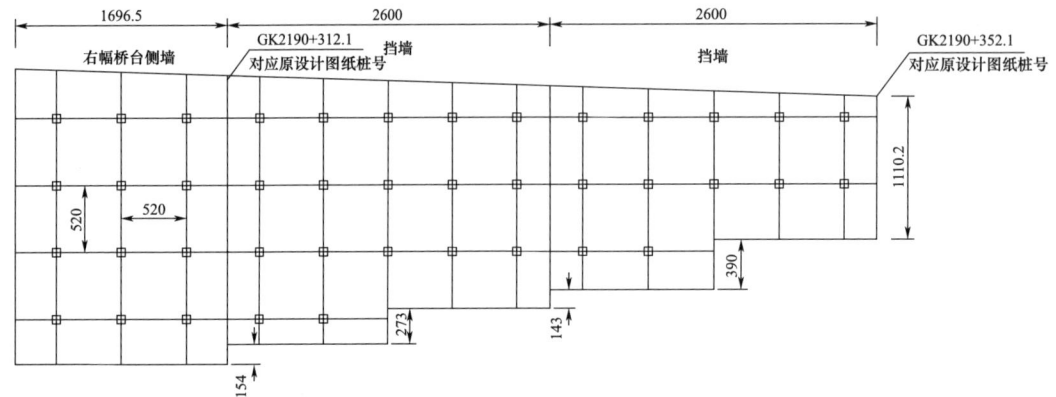

图 6-8 南桥台侧墙锚索框架梁加固立面图

(2) 锚索孔位按锚索布置图标示测放，力求准确；钻孔俯角与锚索倾角一致，其倾角允许误差为 ±1°；考虑沉渣的影响，为确保锚索深度，实际钻孔深度要大于设计深度 1.0m。

(3) 钻进过程中应对每孔土层变化、钻进速度（钻速、钻压等）、漏风、反渣、地下水情况以及一些特殊情况做现场记录。锚索成孔采用跟管钻进。

(4) 锚索孔径为 130mm，成孔后的孔径不得小于该值。钻孔完成之后必须使用高压空气（风压 0.2~0.4MPa）将孔中碎屑或地下水全部清除，以免降低水泥砂浆与孔壁岩体的粘结强度。

(5) 锚索材料为高强度、低松弛预应力钢绞线，直径为 15.24mm，强度 1860 级，要求顺直、无损伤、无死弯。锚固段必须除锈、除油污，按设计要求安装承载板。绑扎架线环和箍线环，架线环钢管两头外侧应成倒圆角状，箍线环是用 $\phi 8$ 的钢筋焊接成内径 50~60mm 的圆环；自由段除锈后，涂抹黄油并立即外套波纹管，两头用铁丝扎紧，并用电工胶布缠封。

(6) 锚索下料采用砂轮切割机切割，避免电焊切割。考虑到锚索张拉工艺的要求，实际下料长度要比设计长度多留 1.0m，即锚索长度 $L = L_{锚固段} + L_{自由段} + 1.0m$（张拉段），锚具采用 OVM15—6 型。

(7) 锚索孔内灌注水泥砂浆，水灰比为 0.45，灰砂比为 1:1，砂浆体强度不低于 30MPa。采用从孔底到孔口返浆式注浆，注浆压力不低于 0.3MPa，当砂浆体强度达到设计强度的 80% 后，方可进行张拉锁定。

(8) 锚索张拉作业前必须对张拉设备进行标定。正式张拉前先对锚索进行 1~2 次试张拉，荷载等级为 0.1 倍的设计拉力。锚索张拉分 5 级进行，每级荷载分别为设计拉力的 0.25、0.5、0.75、1.0、1.1 倍，除最后一级需要稳定 10~20min 外，其余每级需要稳定 5min，并分别记录每一级钢绞线的伸长量。在每一级稳定时间里必须测读锚头位移 3 次。当张拉到最后一级荷载且变形稳定后，卸荷至锁定荷载，锁定锚索。锚索锁定后，切除多余钢绞线，用 C30 混凝土及时封闭锚头。

6.4 本章小结

本案例重力式桥台横向错位的原因涉及地基地质和建设期施工质量两种主要因素。在考虑加固方案时,应结合桥台所处的地形地质、施工难易程度、对桥面通行的影响等多种因素,确定合适的加固方案。

7 桥台改造案例

7.1 工程概况

7.1.1 原旧土桥概况

4号土桥旧桥位于G210国道，桥梁全长124m，左侧沟深43m，右侧沟深54m，建成于1986年，属于单面加筋挡土墙，挡土墙最高处为28m，路基宽度为12m。2003年秋天由于连续降雨，该路段左侧冲沟下切，加筋挡土墙基础部分悬空，右侧下边坡滑塌，危及公路安全。为此某市公路局对左侧冲沟部分进行回填，对右侧边坡进行回填恢复，完善了基础防护和排水设施。2006年8月26日以来的连续降雨，造成土桥路基、路面下沉错台、土边坡滑塌、挡墙裂缝、排水设施被毁等严重水毁病害。

7.1.2 改建后桥梁概况

2007年，某市公路局委托某省交通公路设计有限公司对原土桥进行了改建设计，改建后4号大桥（图7-1、图7-2）的中心桩号为K755+357，运营桩号为K1063+452，桥梁全长为130m，跨径组成为4×30m。上部结构为装配式预应力混凝土连续箱梁，横向布置4片梁；下部结构采用柱式桥墩、桩柱式桥台、钻孔灌注桩。桥面宽12m，组成为0.5m（护栏）+11m（行车道）+0.5m（护栏），C40混凝土桥面铺装；0号台和4号台设模数式伸缩缝、板式橡胶支座。第一孔位于LS=35m的缓和曲线。设计荷载为公路-Ⅱ级，桥梁于2008年建成通车。

图7-1 4号大桥立面照

7 桥台改造案例

图 7-2　4 号大桥正面照

7.1.3　本次改造后桥梁概况

本次改造的主要内容：挖除 4 号桥台后方部分既有路基，改造既有桥台，新增 2 孔桥。新增的 2 孔桥（图 7-3）上部结构为 30m 装配式预应力混凝土连续箱梁；下部结构为桩柱式桥墩、桩柱式桥台、钻孔灌注桩。改造后的桥梁中心桩号为 K1063+481.960，桥梁全长 188.42m，跨径组成为（4×30）m＋（2×30）m。

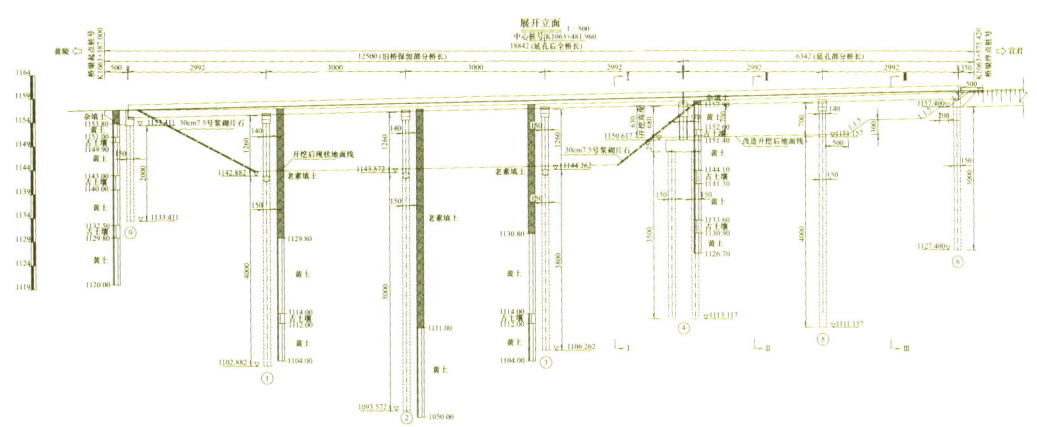

图 7-3　改造后 4 号大桥立面照

7.2　桥址区自然概况

7.2.1　地形地貌

桥址位于某市，地貌结构相对复杂，山、塬、梁、台和河谷等多种地貌类型都有分布。其山岭起伏绵延、岭谷相间，深谷基岩裸露、陡崖峭壁、悬石参差，构成断续峡

49

谷；北部黄土梁状丘陵发育，黄土塬广布；中部黄土残塬沟壑纵横，地层支离破碎；南部为平坦而完整的黄土台塬和起伏缓和的低山丘陵。桥梁路段所在地沟谷较发育、沟谷深切，切割深度在 35~55m。河谷多呈 V 形，谷坡为 40°以上，雨水侵蚀强烈，边坡重力崩塌、小型滑坡较发育。

7.2.2 气象特征

桥址所在地属暖温带中、南部大陆季风气候区。在某市气候分区中，本桥位于半干旱气候区。区内四季分配长短悬殊，极不均匀。气温较低，降水较多，温差较大，冬暖夏凉；水分条件充裕，热量条件较差；风速大，风向季节变化显著。冷半年以西风为主，暖半年以东南风为主。

7.2.3 地质构造与地层岩性

1）地质构造

根据《210 国道 4 号大桥新建工程详细工程地质勘察报告》，项目区在大地构造单元上属于中朝准地台陕甘宁台坳的陕北台凹南部。中部出露中生界，边缘为古生界，褶皱和断裂稀少，未见岩浆侵入活动。桥址区地层形成如下：基座由中生代砂岩、泥岩互层构成，其间夹煤层及油页岩。其上覆盖第三系宜君组地层及第四系风积黄土，其中第四系下更新统地层缺失，勘察深度未至第四系中更新统黄土地层。

2）地层岩性

桥址区勘探揭露地层如下：

（1）人工填土（Q_4^{me}）：系 1989 年原道路填筑土桥，最大高度 46.2m，由黄褐色黄土填筑，其间可见石灰、三合土、土工筋带。该土层在 2007 年改建 4 号大桥时已基本挖除。

（2）黄土（Q_3^{eol}）：褐黄色，土质较均匀，具大孔隙，垂直节理发育，含蜗牛碎片，可见钙质条纹，坚硬~硬塑。该土层主要分布在桥址区前后两侧桥头一带，厚度小于 5m。

（3）中更新统风积黄土（Q_2^{eol}）：由黄褐色黄土和褐红色~棕褐色古土壤层组成，含少量小颗粒姜石，柱状节理发育，上部偶见大孔隙，勘察深度可见古土壤 3 层，总体上看姜石含量不大，应属离石黄土上部。该土层土质结构致密，坚硬~硬塑。

另外，在桥址左右两侧沟谷底部还分布有坡积次生黄土，由于该层距离桥梁位置较远，对桥梁、路基、地基无影响。

3）不良地质

桥址区位于黄土台塬残梁区，地表发育马兰黄土，其下中更新统风积黄土上部地层均大孔隙发育，存在不同程度的湿陷性。《210 国道 4 号大桥新建工程详细工程地质勘察报告》显示：南桥台及其南侧（K1063＋520 右 10m 探井）总湿陷量 Δs 为 538.8mm，属中等非自重湿陷性场地。

7.2.4　地震

桥址区的地震峰值加速度系数为0.10g，地震烈度Ⅶ度，应按照Ⅷ度设防。

7.3　最新检查报告结论

2021年11月，北京新桥技术发展有限公司公路工程检测中心对4号大桥进行了定期检查，主要检测结论：总体技术状况等级评定为3类，4号桥台构件评定为4类。

受降雨影响，2022年8月，养护人员在日常巡查时发现4号桥台耳墙处防撞护栏与主梁防撞护栏横向左侧最大5.5cm位移差，右侧最大5cm位移差，且同一断面处位移差从上向下逐渐减小，位移方向均为向左侧滑动；左右侧耳墙均存在1条斜向裂缝，最大缝宽0.2mm；4号桥台耳墙处护坡之间缝隙由沥青填塞，左侧护坡处排水沟存在不同程度的沉降；水泥混凝土路面整体浅碟状沉陷。

为确保桥梁及道路运营安全，消除安全隐患，针对病害现状，受业主委托，我公司承担编制本次4号大桥4号桥台偏位及路基沉陷应急处置工程设计工作。

7.4　病害原因分析结论

7.4.1　路基

1）病害养护历史

本次应急处置工程路基段主要位于4号大桥4号桥台南侧K1063+539～+590段。该段路基在2007年4号大桥新建工程阶段为浅挖方路基，右侧路肩外有4～6m宽的土质平台，基本与路肩齐平或略高。左侧为1∶0.7的自然陡坡，高度为23m。两侧均无边沟、排水沟。

2007年至2014年，左侧路面常年汇水冲刷自然陡坡，导致部分硬路肩悬空，坡面出现冲沟，局部滑塌，水泥混凝土路面出现裂缝。铜川市公路局对该段实施了干线公路水毁修复工程（汛后修复）。修复措施为设置两阶M7.5浆砌片石下挡墙，并在两阶挡墙中间坡面采用M7.5浆砌片石护坡防护，同时于挡墙顶设置M7.5浆砌片石边沟，边沟于桥台处设置急流槽引致桥下原地面散排。2021年急流槽断裂，同年进行修复。

2）路基病害状况

2022年8月中旬，我公司设计人员对现场先后进行2次实地勘察，调查记录病害如下。

（1）路面

K1063+565～+590段水泥混凝土路面沿缩缝发育裂缝及错台，裂缝整体形态呈弧形。板角处错台最大高度3cm，板中处错台高度平均小于0.5cm。目前路面裂缝均已采用沥青灌缝（图7-4）。

K1063+565～+590（桥台搭板）段水泥混凝土路面整体浅碟状沉陷，路中线最大沉陷深度为15cm，路边线最大沉陷深度为5cm。

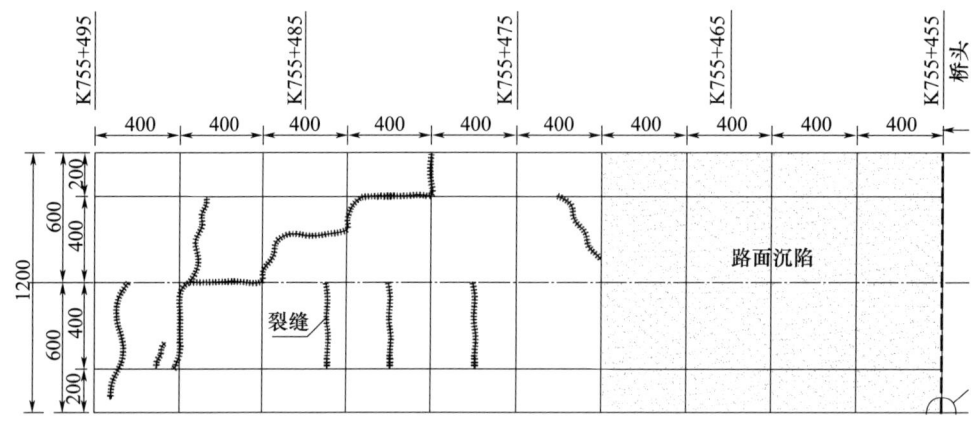

图 7-4　裂缝及沉陷分布示意图

（2）挡墙及护坡

K1063+550～+580段路肩墙向外侧水平位移5cm，并高出路肩边缘3～5cm，根据位移迹象判断，挡墙绕前墙趾倾覆。墙背与路面边缘裂缝目前已采用沥青灌缝（图7-5）。

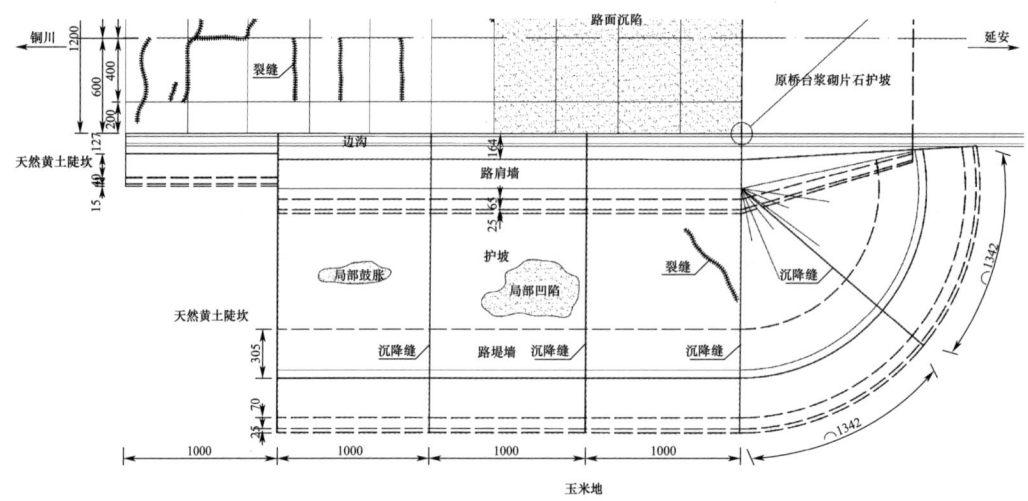

图 7-5　挡墙及护坡病害分布示意图

K1063+550～+580段浆砌片石护坡砂浆勾缝全部脱落。在+470、+480处护坡表面出现局部鼓胀和凹陷变形，最大变形深度为5cm。在+455～+460段护坡表面出现斜向贯通裂缝。

K1063+550～+580段路堤墙，除墙顶、面坡砂浆勾缝脱落严重。墙身结构未见裂缝、鼓胀、位移等病害。路肩墙泄水孔均为假孔，深度只有50cm，排水功能失效。

（3）排水设施

K1063+550～+590段路面右侧全段为浅挖方，缺少排水边沟。1063+524～+550段缺少急流槽。

3) 路基病害原因分析

通过收集历史建设、养护资料，现场调查、走访，分析路基病害原因如下。

（1）路面水下渗

该段路基平面位于左偏缓和曲线，右侧超高，左侧设置边沟和路肩墙。右侧浅挖方全段缺少排水边沟，降雨时路面积水不能及时顺畅排出，积水沿混凝土路面纵缝、横缝及结构裂缝下渗。路肩墙所有泄水孔均为假孔，深度只有50cm，排水功能失效，导致墙背填土含水率升高，强度下降。墙背路基原状土为中等非自重湿陷性黄土，雨水下渗后引发湿陷，加剧路面沉陷和裂缝病害的发展。行车荷载挤压填土，挡墙发生绕前墙趾倾覆的位移。

（2）地表汇水下渗

路肩墙外侧的浆砌片石护坡在风化作用下，勾缝全部脱落，地表汇水及降雨沿砌筑缝下渗，导致路肩墙基底墙趾部位填土和原状土含水率升高，引发黄土湿陷。在重力作用和行车荷载作用下，挡墙发生绕前墙趾倾覆的位移，护坡受挤压发生局部凹陷、鼓胀、裂缝。

7.4.2 桥梁工程

1) 主要病害

依据现场踏勘及最新的桥梁定期检查报告，主要病害如下。

（1）防撞护栏

0号桥台侧耳墙处防撞护栏与主梁防撞护栏横向左侧最大位移差为1cm（图7-6、图7-7）；4号桥台耳墙处防撞护栏与主梁防撞护栏横向左侧最大位移差为5.5cm（图7-8），右侧最大位移差为5cm（图7-9）。

图7-6　0号桥台左侧耳墙处护栏与主梁护栏位移现状

图 7-7 0 号桥台右侧耳墙处护栏与主梁护栏位移现状

图 7-8 4 号桥台左侧耳墙处护栏与主梁护栏位移现状

图 7-9　4 号桥台右侧耳墙处护栏与主梁护栏位移现状

(2) 耳墙、背墙

4 号桥台左侧、右侧耳墙均存在一条斜向裂缝（图 7-10、图 7-11），最大缝宽为 0.2mm，长度为 3m；背墙左侧存在一条竖向裂缝，最大缝宽为 0.2mm，长度为 2.5m（图 7-12）。

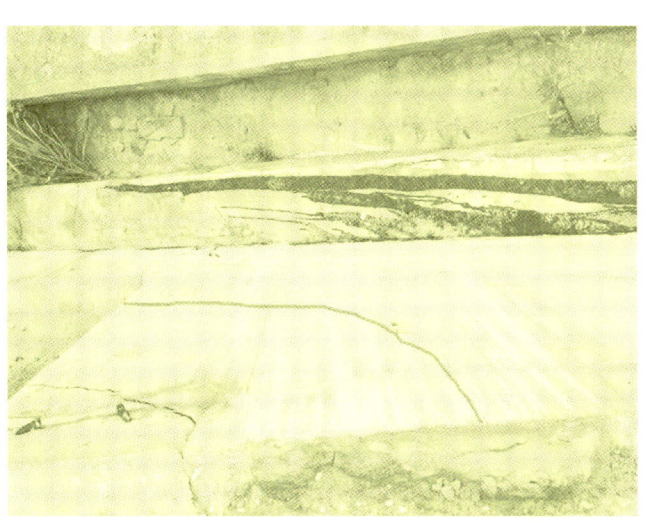

图 7-10　4 号桥台左侧耳墙斜向裂缝

图 7-11　4 号桥台右侧耳墙斜向裂缝

图 7-12　4 号桥台背墙竖向裂缝

（3）伸缩缝

0 号桥台伸缩缝堵塞，缝宽正常（图 7-13）；4 号桥台伸缩缝抵死（图 7-14）。

（4）支座

0 号桥台支座未见明显变形（图 7-15）；3 号桥墩个别支座发生剪切变形，无横向滑移；4 号桥台支座橡胶板相对于支座上钢板沿大桩号方向向左侧滑移，最大约 4cm（图 7-16～图 7-19）。

7 桥台改造案例

图7-13　0号桥台伸缩缝堵塞　　　　图7-14　4号桥台伸缩缝抵死

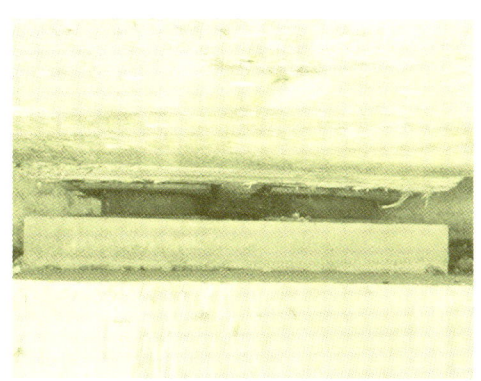 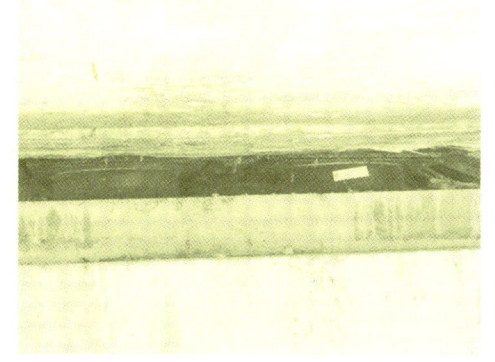

图7-15　0号桥台支座未见明显变形

图7-16　4—8号桥台支座橡胶板相对支座上钢板滑移现状

图 7-17 4—7 号桥台支座橡胶板相对支座上钢板滑移现状

图 7-18 4—6 号桥台支座橡胶板相对支座上钢板滑移现状

图 7-19 4—5 号桥台支座橡胶板相对支座上钢板滑移现状

(5) 挡块

4 号桥台的右侧挡块与外侧主梁基本接触（图 7-20），左侧挡块远离主梁（图 7-21）。

图 7-20　4 号桥台右侧挡块与主梁接触

图 7-21　4 号桥台左侧挡块远离主梁

7.4.3　原因分析

1）表观病害总结

从现场调查结果来看，4 号大桥整体病害表现为：

(1) 4 号桥台耳墙处护栏与主梁护栏横向错位、支座滑移、耳背墙斜向及竖向裂缝、右侧挡块与主梁接触等。

(2) 0 号桥台耳墙处护栏与主梁护栏横向错位。

2）变形运动轨迹

从表观病害来看，4 号大桥从小桩号至大桩号方向整体发生逆时针转动。

3）结构计算

（1）计算参数及工况

采用 Midas Civil 有限元分析软件对 4 号大桥进行结构验算，主梁和桥墩桩基均采用梁单元进行模拟，通过弹性连接中的刚度来模拟支座。全桥共离散出 1415 个节点、1829 个单元。4 号大桥有限元模型如图 7-22 所示。

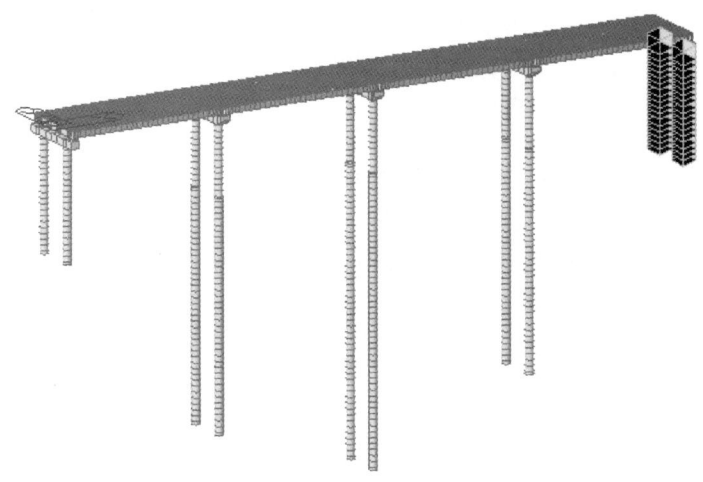

图 7-22 4 号大桥有限元模型

根据桩基地勘资料对各个桥墩桩基进行模拟，并采用"M"法来模拟桩基的水平位移及作用效应。在桩基模拟计算时，考虑 4-1 号桥台桩基横向位移 2.0～5.5cm，4-2 号桥台桩基横向位移 2.0～5.0cm。同时由于本桥 4 号桥台东侧临空面较高，达 20 多米，为 2 级挡墙防护，且桥台坐落于原土桥位置处，因此在计算过程中，对桥台桩基长度按照 9m 进行折减（1 级挡墙防护高度）。

根据桥头护栏的横向偏位，按照以下工况分别进行验算。

工况 1：原设计工况；

工况 2：4 号桥台桩顶横向偏位（桩基冲刷 9m，4-1 号桥台桩顶 2.0cm，4-2 号桥台桩顶 2.0cm）；

工况 3：4 号桥台桩顶横向偏位（桩基冲刷 9m，4-1 号桥台桩顶 5.5cm，4-2 号桥台桩顶 5.0cm）。

（2）计算结果

桩基抗弯承载力、裂缝宽度及竖向承载力的计算结果见表 7-1 和表 7-2。

表 7-1 各个桩基水平承载能力及裂缝宽度验算一览表

工况	位置	荷载效应值	结构抗力值	安全系数	裂缝宽度
工况 1	4-1 号桩基	363.1	2102.5	5.79	0.04
	4-2 号桩基	363.1	2102.5	5.79	0.04
工况 2	4-1 号桩基	1990.8	2037.1	1.02	0.15
	4-2 号桩基	1578.6	2150.9	1.36	0.13

续表

工况	位置	荷载效应值	结构抗力值	安全系数	裂缝宽度
工况 3	4-1 号桩基	5710.1	1567.7	0.27	0.65
	4-2 号桩基	3437.1	1361.0	0.40	0.43

注：荷载效应值和结构抗力值的单位为 kN·m，裂缝宽度的单位为 mm。

表 7-2 桩基竖向承载能力验算一览表

构件	工况	桩基竖向承载能力验算		
		抗力值 (kN)	效应值 (kN)	是否满足
工况 1	4-1 号桩基	4482.9	3414.7	是
	4-2 号桩基	4482.9	3414.7	是
工况 2	4-1 号桩基	2631.6	3976.5	否
	4-2 号桩基	2631.6	2877.2	否
工况 3	4-1 号桩基	2631.6	4868.6	否
	4-2 号桩基	2631.6	1983.4	是

通过上述两表计算结果可以得出，桩基横向偏位对桩基水平承载能力影响较大。

4）病害成因分析

通过表观病害，收集历史建设、养护资料，现场调查、走访，结构计算，桥梁病害主要原因分析如下：

依据《210 国道 4 号大桥新建工程详细工程地质勘察报告》，4 号桥台处于中等非自重湿陷性场地，由于路面地表水下渗，墙背填土含水率升高，强度下降，引发黄土湿陷。在自重和行车荷载作用下，挡墙发生绕前墙趾倾覆的位移。由于路基黄土湿陷、挡墙倾覆，4 号桥台桩基、台帽、耳背墙联动发生变位。

7.5 加固处置

2022 年 10 月 9 日，某省交通运输厅向某市交通运输局批复下发了《某省交通运输厅关于某市 G210 国道 4 号大桥桥公路路面改造工程实施方案的批复》（某交函〔2022〕1447 号）文件，文中明确：同意对 4 号大桥 4 号桥台台后挖除部分路基，延伸增加两孔 30m 预应力混凝土箱梁桥，0 号桥台桩基加固。

7.5.1 具体设计方案：改造既有 4 号桥台＋新增 2 孔桥

挖除 4 号桥台后方部分既有路基，改造既有桥台，新增 2 孔桥（图 7-23～图 7-27）。新增的 2 孔桥上部结构为 30m 装配式预应力混凝土连续箱梁；下部结构为桩柱式桥墩、桩柱式桥台、钻孔灌注桩。将既有 4 号桥台改造为门式墩。改造后的桥梁跨径组成为 (4×30) m＋(2×30) m（图 7-23～图 7-25）。

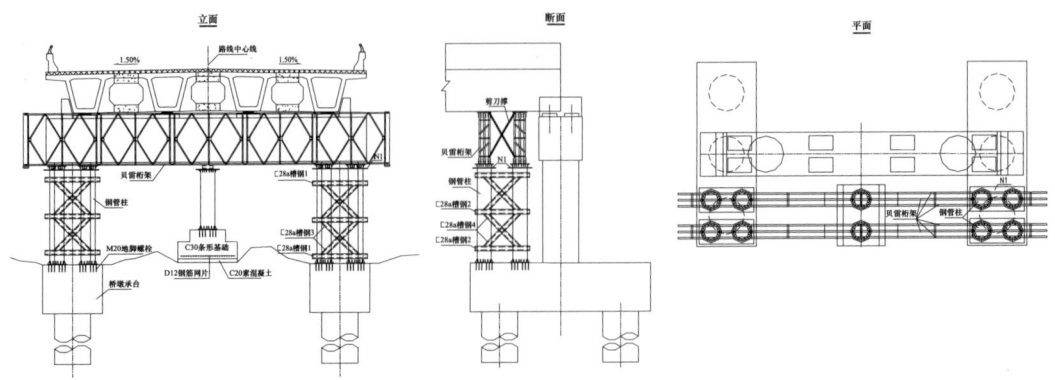

图 7-23 在拆除原 4 号桥台之前，建立临时支撑示意图

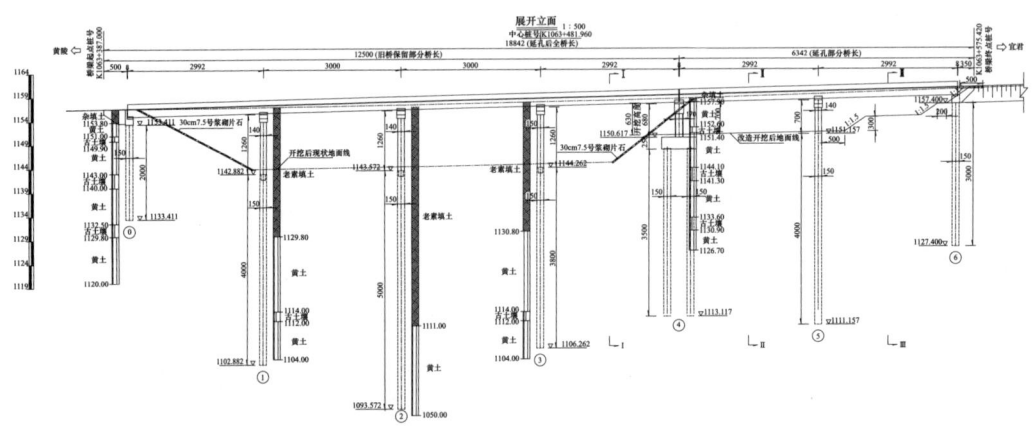

图 7-24 新增 2 孔桥后，4 号大桥总体布置

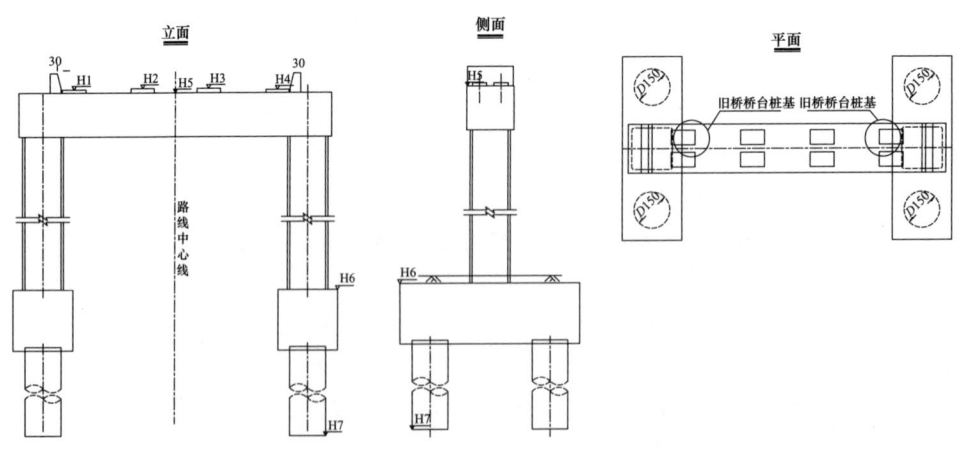

图 7-25 既有 4 号桥台改造为门式墩

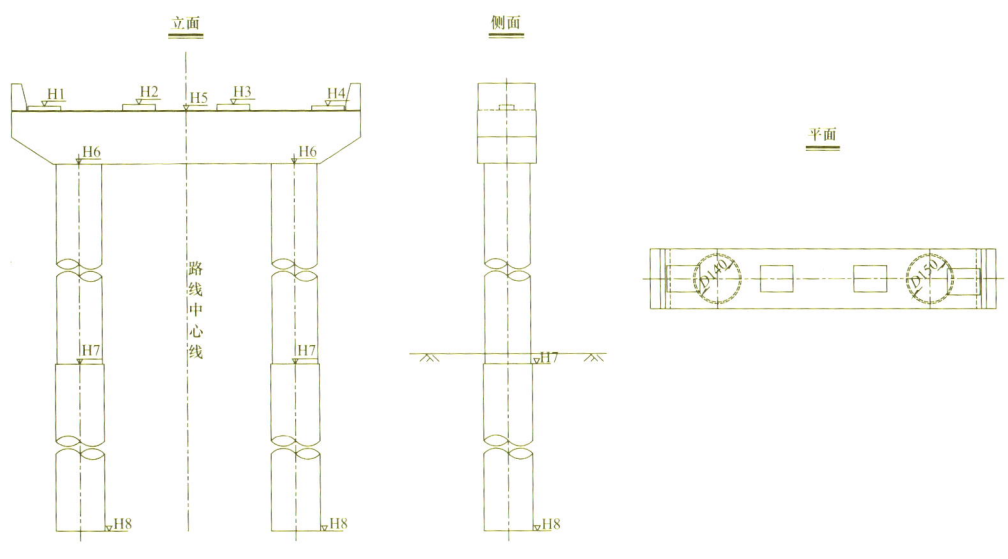

图 7-26 新增 5 号桥台一般构造

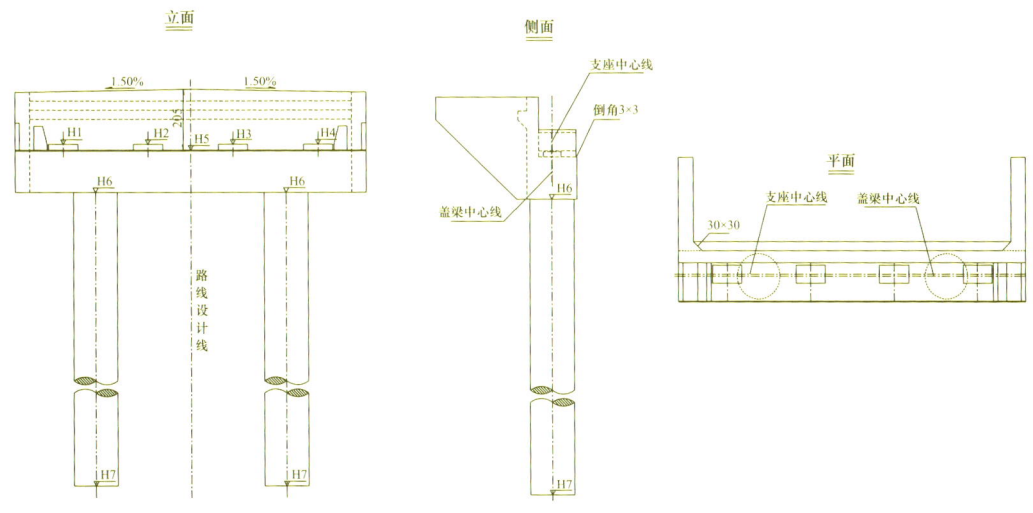

图 7-27 新增 6 号桥台一般构造

7.5.2 设计要点

上部结构体系为先简支后连续的结构,按 A 类预应力混凝土构件设计。结构设计采用不同的软件进行分析;荷载横向分配系数采用刚性横梁法、刚接板(梁)法和梁格法三种计算方法进行对比分析。

原桥 4 号桥台改造成门式墩,盖梁采用预应力混凝土盖梁,矩形墩柱,基础设计为桩基接承台。5 号桥墩采用桩柱式桥墩,6 号桥台采用柱式台,基础均采用钻孔灌注桩。在改造施工过程中,为保证原结构 4 号桥台在未拆除前的稳定,在路基及原桥台处开挖应分级进行。先行施工 4 号桥墩的桩基和承台,然后在 4 号桥墩新建承台上建立临时支撑，支撑第 4 跨的上部结构，使 4 号桥台台帽支座不再受力后，上部箱梁所有反力都转嫁到临时支撑上。支撑稳定后，开始拆除原 4 号桥台，再浇筑施工墩柱及盖梁。4 号桥墩改造完成后，第 4 跨箱梁方可落梁至盖梁上。图 7-23 设计的临时支撑仅为示意，施工单位应根据现场的实际情况进行临时支撑的专项设计。

本次改造工程对原 4 号桥台后约 64m 范围内的路基进行开挖，平均开挖深度约 5.8m。开挖后，此 64m 范围内的地面防排水措施主要是新增的排水边沟。开挖后的横断面是否需要进行防护，在后续施工过程中，根据实际需要进行变更处理。

7.6 本章小结

本案例桥台及挡墙位移是该桥所处的地质状况、路面雨水下渗及车辆荷载等多种因素共同作用所致。考虑到本桥已经多次进行处置，为彻底消灭病害，本案例采用了延孔并改造桥台的方式，为此类病害的处理提供了参考。

8 滑坡导致桥台纵向位移案例

8.1 工程概况

8.1.1 桥梁概况

5号大桥位于某市环城路。其起点位于九九中路以西，上跨九九大道，终点位于东环路以西，于2011年设计。桥梁设计荷载：公路-Ⅰ级，人群荷载：3.5kN/m²，于2013年建成通车。

5号大桥孔跨布置为5×40m+4×40m装配式预应力混凝土连续箱梁桥（图8-1、图8-2）。桥面宽度为3.0m（人行道）+0.5m（防撞护栏）+11.5m（车行道）+0.5m（防撞护栏）+2.0m（中央分隔带）+0.5m（防撞护栏）+11.5m（车行道）+0.5m（防撞护栏）+3.0m（人行道）=33.0m。桥面铺装采用8cm厚钢筋混凝土现浇层+6cm中粒式沥青混凝土+4cm沥青玛琋脂碎石混合料。在0号桥台、5号桥墩、9号桥台设置伸缩缝，采用MZL型伸缩缝。

图8-1 桥梁立面照

图 8-2　桥梁桥面照

上部结构采用装配式预应力混凝土连续箱梁，梁高 2.0m，横向 5 片布置。主梁混凝土强度等级为 C50。下部结构桥墩采用空心薄壁桥墩，尺寸为 8.65m×3.0m。墩与桩以承台相接，承台高 2.5m，每个承台下设 6 根桩，桩径为 1.5m。桥台采用桩接盖梁式桥台，台帽厚 1.5m，每个台帽下设 3 根桩，桩径为 1.5m。桥墩墩身采用 C40 混凝土，桥台台身、承台采用 C30 混凝土。基础均采用钻孔灌注桩基础，为 C30 混凝土。

某市市政工程服务中心在日常巡检中发现，北环路 5 号大桥 9 号桥台伸缩缝型钢卡死、错台；9 号桥台处梁端与台背挤压，梁端底板、腹板混凝土破损，支座与梁体存在明显滑动痕迹，桥台护坡存在明显沉降，桥台背墙存在横向、斜向裂缝。遂委托某省科技工程检测咨询有限公司对 5 号大桥进行了特殊检测，发现桥梁排水功能失效，雨水汇入台背，护坡坡顶沉降，坡面破碎，桩体外露，盖梁底部与土体之间形成空腔，台背沉陷、搭板倾斜、底部脱空；9 号桥台背墙与梁端挤压致背墙和耳墙相接处开裂；大部分支座滑移量严重超限、剪切变形；桥面存在多处纵向裂缝，5 道伸缩缝损坏，功能失效；个别桥墩垂直度超过规范限值；0 号台、9 号台岸坡处于不稳定状态，桥台存在失稳风险，危及桥梁结构安全与行车安全，左、右幅技术状况等级均为 C 级。

8.1.2　养护历史

5 号大桥于 2013 年建成通车，桥龄已逾 10 年，其间未进行过大的维修加固，主要的几次维修如下：

2021 年 9 月，因护坡水渠水毁，维修大桥西南侧护坡（图 8-3）。

2021 年 10 月，因伸缩缝挤压变形严重，混凝土保护带破损，重新浇筑桥梁北幅中部型钢伸缩缝混凝土保护带（图 8-4）。

2022 年 6 月，因伸缩缝破损严重，将桥梁北幅中部型钢伸缩缝更换为梳齿伸缩缝，共 12m（图 8-5）。

2023 年 8 月，因护坡水毁严重，维修大桥西南侧护坡（图 8-6）。

图 8-3　2021 年西南侧护坡维修

图 8-4　2021 年伸缩缝混凝土保护带维修

图 8-5　2022 年更换北幅中部伸缩缝

图 8-6　2023 年维修大桥西南侧护坡

8.1.3　监测情况

管理单位遂委托第三方单位对 5 号大桥及边坡进行持续监测，共设置沉降监测点 16 个、裂缝监测点 6 个。其中沉降监测点桥梁 9 号桥台帽 6 个（JC1～JC6），桥面伸缩缝处 2 个（JC7～JC8），桥面人行道位置 3 个（JC9～JC11），9 号桥台前护坡 5 个（HP1～HP5）；9 号桥台帽 6 个裂缝监测点（LFJC1～LFJC6）。2024 年 5 月 12 日至 2024 年 11 月 4 日，观测结果如下：

(1) 11 个位于桥梁上的沉降监测点累计最大变化量为－2.6mm。
(2) 6 个裂缝监测点累计最大变化量为 2.38mm。
(3) 5 个护坡沉降监测点累计最大变化量为－15.8mm，其中 8 月 30 日至 9 月 2 日 3 天的变化量最大达－3.6mm。

从监测数据可看出，两岸滑坡仍在蠕动变形，处于不稳定～欠稳定状态，在持续降雨、强降雨或地震等不良因素的作用下，滑坡将进一步变形，甚至整体快速滑动，对 5 号大桥安全产生严重威胁，急须整治。

8.1.4　项目区自然地理情况

某市地处中纬度大陆内部，为温带半干旱大陆性季风气候。根据某市中心气象台资料，本区年平均气温为 9.8℃，最冷月为 1 月份，月平均气温为－6.9℃，最热月为 7 月份，月平均气温为 22.2℃，极端最高气温为 39.8℃，极端最低气温为－19.7℃，气温年较差为 29.1℃，年平均日较差为 13.4℃，这样高的年较差和日较差突出地反映了本区大陆气候的特点。地面平均冻结日期为 11 月 29 日，解冻日期 2 月 5 日，最大冻土深度以 1 月份为最高，达 103cm。

某市年降水量仅 311.7mm，且集中在 7、8、9 三个月，占全年降水量的 60.5%，12 月份至次年 2 月份的降水量不足全年的 1.6%；日最大降水量 96.8mm；夏季的东南风是本区水汽的主要来源,夏季降水变化很大,多暴雨,年降水量的离差系数为0.23,最大年降雨量为546.7mm,最小年降雨量为189.2mm。本区虽有黄河过境,但年蒸发量达1446.4mm,由于降水量少,蒸发量大,地表组成物质又利于水分渗透,地表径流只有5~10mm,导致沟谷多暂时性流水,但在出现大雨、暴雨时,常形成山洪,会造成重大灾害。某市区常年盛行顺河风向,多为东风向,占全年风向的75%,风速年平均0.9m/s,最大为16.0m/s。

8.1.5 区域地质情况

某市地处我国西北地区的腹部,位于黄土高原的黄河谷地,与青藏高原相邻近,由于受地质构造的控制,黄河在该市形成三个串珠状多阶地的河谷盆地。自西向东有:八盘峡至柴家峡之间的新城—河口盆地,柴家峡至金城关之间的西固—七里河盆地,金城关至桑园峡之间的城关—雁滩盆地。三个相连的河谷盆地,东西长达50km,最宽处达7.5km,最窄处不足1km。黄河在三个盆地内均发育有多级阶地,其中西固—七里河盆地和雁滩—城关盆地河漫滩和一二级阶地较发育。新城—河口盆地规模较小,河漫滩和一级阶地不发育。由于南北两山的限制和黄河纵贯盆地,某市发展成一个东西长、南北窄、沿河两岸分布的带状城市。

某市位于祁连褶皱系中祁连加里东褶皱带的东部雾宿山隆起带皋兰隆起带,工程场区位于北西向构造的白塔山—兴隆山隆起带。根据地貌单元划分,属黄河北(左)岸山麓地带和Ⅳ级阶地地貌单元。

5号大桥桩号K6+328,位于某市经济技术开发区洪道,属冲沟及山麓地貌。本次共进行了13个地勘孔、449.6m的地质勘探工作,地勘孔平面位置布置如图8-7所示。

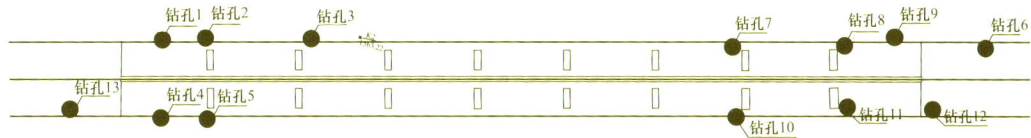

图8-7 地质钻孔平面布置

经现场钻探发现,各地质钻孔基本情况见表8-1。

表8-1 地质钻孔基本情况

编号	钻孔	基本描述	见基岩深度(m)
1	ZK-1	孔深40.8m;上部以人工回填粉土及细砂、砾石为主,33.9m见基岩,泥岩,强-中风化	33.9
2	ZK-2	孔深30m;上部以人工回填粉土、粉质黏土、细砂岩为主,17.2m见基岩,泥岩,强-中风化	17.2
3	ZK-3	孔深22.7m;上部以人工回填粉土、粉质黏土、砾砂为主,17.2m见基岩,泥岩,强-中风化	17.2

续表

编号	钻孔	基本描述	见基岩深度（m）
4	ZK-4	孔深43.9m；上部以人工回填粉土及细砂、砾石为主，35.8m见基岩，泥岩，强-中风化	35.8
5	ZK-5	孔深38.6m；上部以人工回填粉土、粉质黏土、黄土状粉土为主，33.8m见基岩，泥岩，强-中风化	33.8
6	ZK-6	孔深42.8m；上部以人工回填粉土及细砂、砾石为主，26.9m见基岩，泥岩，强-中风化	26.9
7	ZK-7	孔深20m；上部以人工回填粉土为主，2.7m见基岩，泥岩，强-中风化	2.7
8	ZK-8	孔深40m；上部以黄土状粉土、粉质黏土为主，24.2m见基岩，泥岩，强-中风化	24.2
9	ZK-9	孔深40m；上部以人工回填粉土及细砂、砾石为主，31.6m见基岩，泥岩，强风化	31.6
10	ZK-10	孔深22.3m；上部以人工回填粉土及细砂、砾石为主，6.0m见基岩，泥岩，强风化	6.0
11	ZK-11	孔深40.5m；上部以人工回填粉土及细砂、砾石为主，16.0m见基岩，泥岩，强-中风化	16.0
12	ZK-12	孔深35.8m；上部以人工回填粉土及细砂、砾石为主，21.0m见基岩，泥岩，强-中风化	21.0
13	ZK-13	孔深32.2m；上部以人工回填粉土及黄土状粉土为主，24.6m见基岩，泥岩，强-中风化	24.6

由钻孔揭示，项目区出露地层主要为第四系全系统滑坡堆积层（Q_4^{del}）、人工填土（Q_4^{me}）、黄土状粉土（Q_4^{eol}），深层主要为强风化、中风化泥岩（N），地层特点分述如下：

（1）滑坡堆积层（Q_4^{del}）：堆积物组成以填土和黄土状土为主，填土以粉土、细砂、砾石为主，含少量碎石及建筑垃圾；黄土状粉土土质均匀，结构疏松。

（2）人工填土（Q_4^{me}）：红褐色，以人工回填粉土为主，含少量砂岩、碎石、细砂及建筑垃圾；褐黄色，稍湿，土质较均匀，不纯，含有少量碎石及细砂，干强度低，韧性差，岩心多呈短柱状；厚度最大为31.6m，广泛分布于桥下，为滑体的主要组成成分。

（3）黄土状粉土（Q_4^{eol}）：褐黄色，稍湿，稍密，土质较均匀，较纯，干强度低，韧性差，摇震反应中等，略具层理，岩心多呈短柱状；部分孔内湿，稍密，呈软塑状，分布于原地表，也为滑体的组成成分。

（4）粉土（Q_4^{dl}）：仅在3号孔内可见，黄褐色，稍湿，湿-很湿，软塑状，有缩孔现象，干强度低，韧性差，岩心呈柱状。

(5) 泥岩（N）：褐红色，以泥质结构为主，不显层理，岩质极软，手用力可留下凹坑，可掰开，遇水易软化；岩心多呈短柱状，强风化柱长 5～20cm，中风化柱长 20～50cm；岩质不纯，局部含砂量较高，夹蓝色泥灰岩、橘红色砂岩或砂质泥岩薄层。

8.2 桥梁状况

2024 年 8 月 15 日，结合管养单位反映的情况及《某市北环路安宁至 109 国道段 5 号大桥桥梁特殊检测报告》（某省科技工程检测咨询有限公司），我公司组织专业技术人员对 5 号大桥进行了实地勘察，主要进行了以下几项工作：

(1) 桥梁外观病害复核；
(2) 桥面线形测量；
(3) 地形、纵断面测量；
(4) 地质勘探；
(5) 相关维修处置方案研究。

8.2.1 外观病害

经现场勘察，发现桥梁外观主要病害与前期特殊检测病害相似，主要有以下几方面。

(1) 桥面系

经检查，桥面系的主要病害有桥面沥青层存在横、纵向裂缝（图 8-8～图 8-10），桥面坑槽，3 条伸缩缝缝内沉积物堵塞、破损、失效（图 8-11～图 8-13），部分泄水孔堵塞，人行道铺面破损，混凝土护栏竖向裂缝等。

图 8-8　桥面纵向裂缝（1）

图 8-9　桥面纵向裂缝（2）

图 8-10　桥面纵向裂缝（3）

图 8-11　伸缩缝失效、锚固区破损

图 8-12 伸缩缝沉积物堵塞

图 8-13 伸缩缝锚固区严重破损

（2）上部结构

经检查，上部结构的主要病害为左、右幅第 9 跨梁端与桥台背墙挤死（图 8-14）、梁端劈裂，高度达 20cm（图 8-15、图 8-16）。箱梁底板、腹板纵向裂缝，混凝土破损、空洞，孔洞，露筋，渗水泛碱，网状裂缝，支座有较大的纵向、横向滑移（图 8-17～图 8-19）。

图 8-14 9 号台梁端与桥台背墙抵死

图 8-15　梁端顶死劈裂

图 8-16　梁端背墙劈裂测量

图 8-17　9号台顶支座纵向滑移

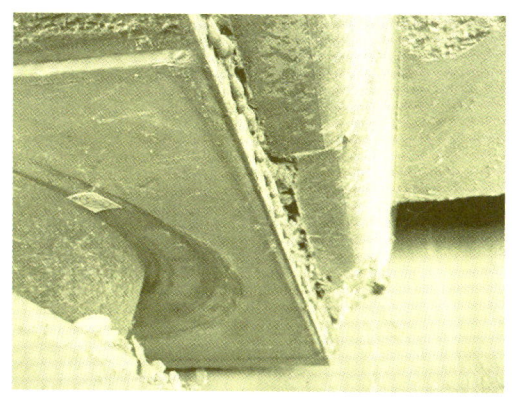

图 8-18　9 号台支座纵向、横向滑移（1）

图 8-19　9 号台支座纵向、横向滑移（2）

（3）下部结构

经检查，下部结构的主要病害有：桥墩均存在不同程度的纵向偏位，左幅 8 号墩与土体存在间隙，最大处约 10cm（图 8-20）；1 号、2 号墩基础边坡硬化处，沉降、开裂情况较为普遍（图 8-21、图 8-22）。

图 8-20　左幅 8 号墩大桩号面与土体间隙

图 8-21　1 号墩硬化处开裂

图 8-22　1 号墩硬化处开裂

9 号台背墙根部开裂严重，耳墙与台帽交接处开裂（图 8-23～图 8-25），且背墙稍有倾斜（图 8-26～图 8-28）。9 号台帽小桩号面竖向裂缝，缝长平均 1.5m，最大缝宽 0.2mm。通过设置观测点，目前观测点玻璃片已拉裂（图 8-29），说明桥台裂缝处仍有发展迹象。

图 8-23　9 号台背墙、耳墙处开裂（1）

8 滑坡导致桥台纵向位移案例

图 8-24　9 号台背墙、耳墙处开裂（2）

图 8-25　9 号台背墙、耳墙处开裂（3）

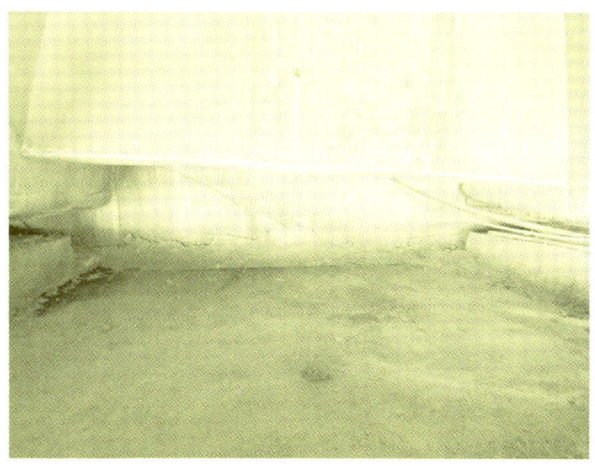

图 8-26　9 号台背墙开裂严重（1）

图 8-27　9 号台背墙开裂严重（2）

图 8-28　9 号台背墙略有倾斜

图 8-29　9 号台裂缝观测点

8.2.2 桥面线形测量

2024 年 8 月，对左、右幅桥面进行了桥面线形测量检查（图 8-30、图 8-31）。在左、右幅行车道外侧边缘各设置了 37 个测点。本次观测以 0m 位置为参照点，采用该假定高程值可使观测结果与原设计线形同实测桥面高差的方差合计最小，左幅 0 号点高程拟定为 1652.799m，右幅 0 号点高程拟定为 1652.874m。测量结果如图 8-30、图 8-31 所示。

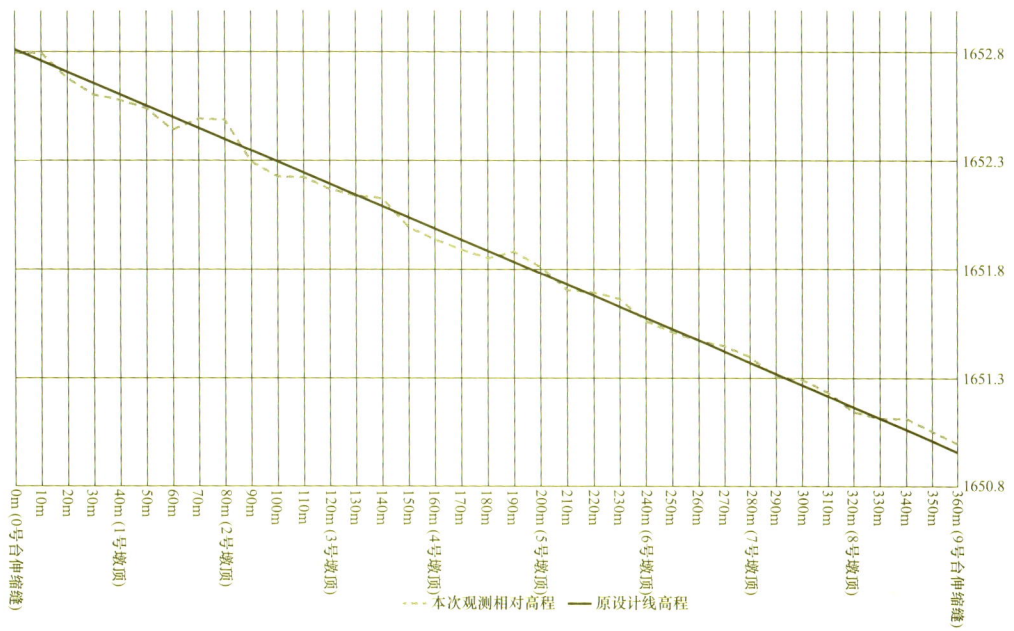

图 8-30　左幅桥面线形测量结果

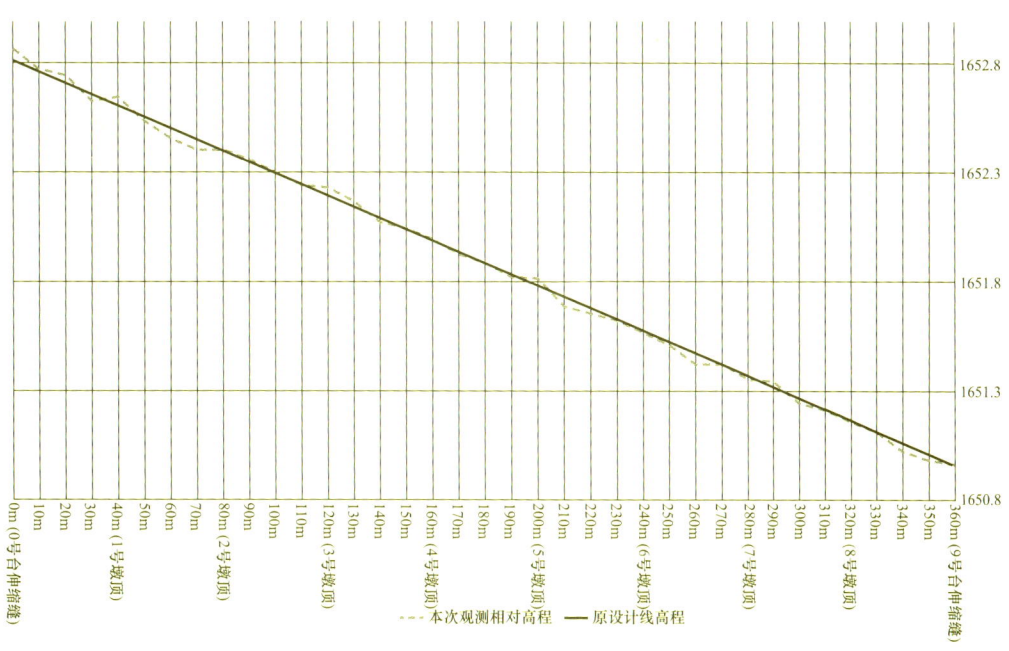

图 8-31　右幅桥面线形测量结果

线形测量结论：通过对比测量数据与设计线形，考虑到施工误差、温度及现场观测时桥上通行车辆的影响，判定实测桥面线形同设计线形基本保持一致，与 2024 年 6 月特殊检测测量结果也基本一致。

8.3 桥梁位移及病害原因分析

8.3.1 表观主要病害总结

桥墩沿桥梁切线方向、法线方向均存在不同程度的偏位（图 8-32、图 8-33），上部梁体相对墩柱有滑移，支座滑移；9 号台背墙与梁体挤死，梁端开裂，背墙根部已严重劈裂，背墙与耳墙交接处已严重开裂。桥面系每幅 3 道伸缩缝型钢均已挤死、失效，桥面沥青铺装层存在纵向通长裂缝。

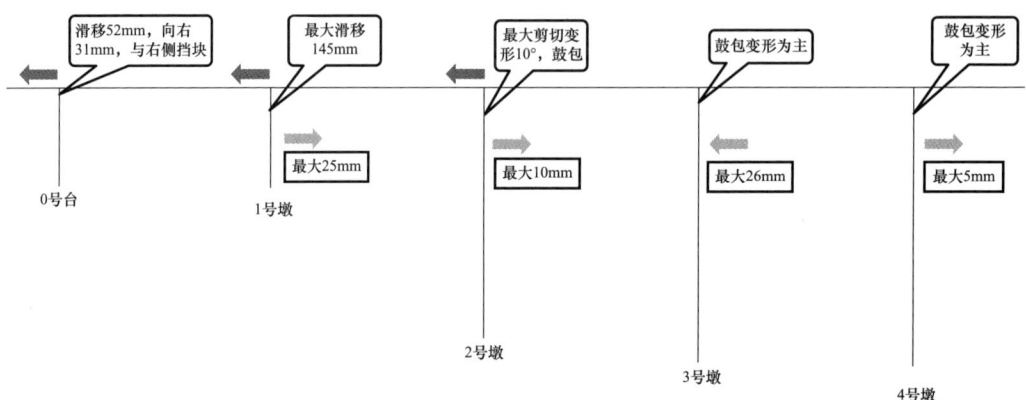

图 8-32　左幅第一联滑移方向示意图

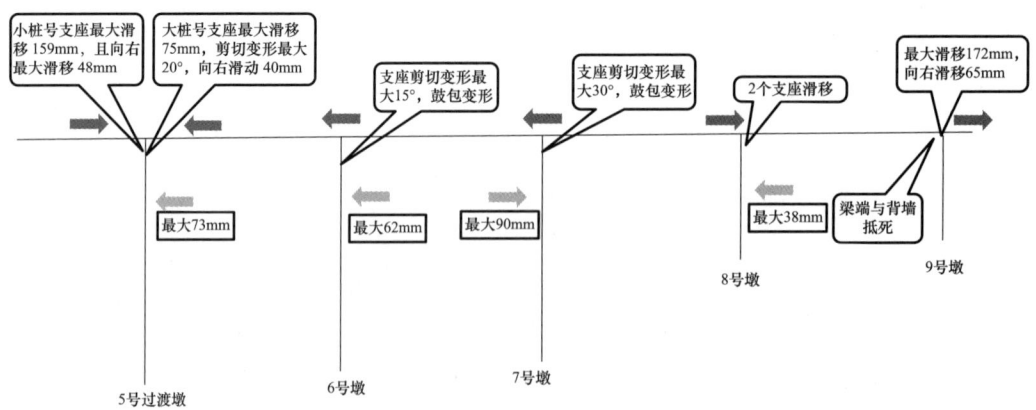

图 8-33　左幅第二联滑移方向示意图

8.3.2 桥梁受力来源分析

结合 5 号大桥的主要表观病害分析,桥梁两侧边坡土体以高填方黄土、黄土状粉土为主,最大填土厚度超过 30m,且由于桥梁、边坡排水系统失效,雨水长期下渗,致使土体松软,产生滑移,使桥梁整体受到了两侧边坡滑移的巨大推力,在现状桥梁结构体系下,正常受力状态(汽车荷载、温度等作用)均不能导致结构出现如此明显的病害。

因此,结合两侧滑坡勘察结果及处置方案推断,作用于桥梁的推力与滑坡灾害有直接关系,即桥梁受力来源于滑坡灾害。

通过现场对边坡情况的调查,也发现了明显的沉降滑移迹象(图 8-34~图 8-41)。

图 8-34 桥下踏步沉降空洞

图 8-35 桥下踏步侧墙开裂

图 8-36　8 号墩与土体间隙

图 8-37　9 号台底沉降空洞

图 8-38　9 号台前破面沉降滑移

图 8-39　9 号台帽底面土体沉降空洞

图 8-40　台后路基开裂

图 8-41　0 号台侧面护坡开裂

8.3.3 病害原因分析

通过现场对主要病害的调查及地质勘探结果,桥位边坡为厚度30m左右的人工回填黄土,桥面排水管及边坡排水沟破损,导致雨水下渗,台后及台下基础黄土湿陷,产生滑移。边坡滑移的作用力直接作用于桥台、1号墩、8号墩,使得主梁发生滑移。由于边坡滑移面与桥梁轴向存在一定夹角,故桥梁部分区域存在横向偏位。

8.4 加固处置措施

为确保桥梁的安全运营和耐久性,须对既有病害进行处置。结合当前桥墩偏位、桥台病害、支座滑移、桥面系病害等状况,拟定如下病害维修处置方案。

8.4.1 整体处置思路

依据定期检查、特殊检测、持续观测、地勘资料及本次现场踏勘情况,结合桥梁表观病害成因分析,确定本项目维修思路如下:
(1) 针对本桥0号台、0号台处边坡滑移的病害,对滑坡进行整治防护(详见施工图设计两岸滑坡治理分册);
(2) 处置桥梁病害,恢复构件使用功能或提高结构耐久性。

8.4.2 设计内容及目标

根据病害及分析结果,桥梁处置措施及目标如下:
(1) 对可能存在严重开裂、破坏的9号桥台桩基,采取增加桩基及承台等维修加固处置措施,以恢复桩基承载能力,保证桥梁运营安全;
(2) 对开裂严重的9号台背墙、耳墙拆除重做,增大梁端与背墙间的距离,并在台后新增肋板,提高结构适应变形能力;
(3) 虽然桥墩现在的承载力满足要求,但考虑到滑坡对桩基影响无法准确模拟,且后期滑坡处置施工仍可能产生位移,加剧桩基的破坏,故本次对可能存在开裂、破坏的1号、8号墩桩基,采取增加承台、桩基的方式进行补强,以恢复桩基承载能力;
(4) 顶升梁体,使梁体、墩身获得一定程度的自由复位或顶推复位,在现状基础上恢复主梁、桥墩的受力状态;
(5) 对全桥滑移、剪切变形、鼓包开裂的支座进行全部更换,以恢复结构原有的支撑体系;
(6) 对破坏严重的桥面系进行更新,以恢复结构耐久性,提高行车舒适性;
(7) 重做全桥及边坡排水系统。

8.4.3 维修设计荷载

维持原设计荷载：公路-Ⅰ级（2003版技术标准）。

8.4.4 加固设计要点

（1）9号桥台处置

本次改造对开裂严重的背墙、耳墙进行凿除，重做新的背墙、耳墙，并新增2排8根1.5m直径的桩基，桩长56.0m；新做承台，新承台长14.9m，宽10.1m，高3.0m，新老承台采用植筋连接，形成群桩基础，并增大背墙与梁端的距离，背墙后做3道肋板（图8-42）。

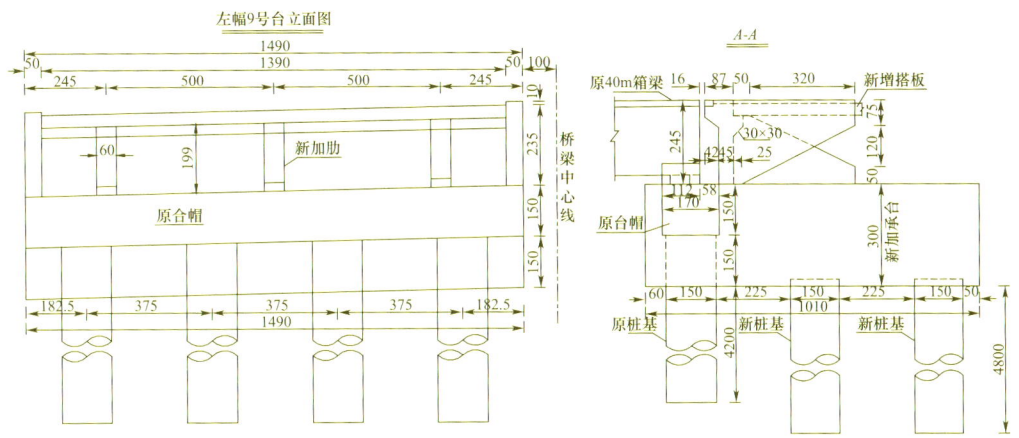

图8-42　9号桥台处置示意图

（2）1号墩、8号墩加固

结合边坡处置措施，对1号墩、8号墩采用扩大承台、增加桩基的加固补强措施。在新、老承台的侧面、顶面、底面用植筋连接，扩大后的承台为八边形，长16.65m、宽12.75m、高4.0m。四周新增6根直径1.5m的桩基，1号墩桩长53.0m，8号墩桩长49.0m，桩基按摩擦桩设计。

（3）上部结构复位

本次主梁复位，利用原桥墩台（1~8号桥墩及0号、9号桥台），在盖梁、台帽侧面安装牛腿，作为顶升的反力基础，实现桥梁整体竖向顶升。在1~8号桥墩附近箱梁底安装顶推反力架，在顶推反力架处设置角钢支架，作为二维千斤顶的支撑系统，将顶推着力点设在箱梁反力架及桥墩之间，实现箱梁整体的纵向、横向复位。

经过纵向顶推平移、横向顶推扭转，反复微调之后，达到如下结果：①梁体平面位置与原设计基本保持一致，路线平顺；②墩顶伸缩缝缝口宽度均匀，缝口宽度值应根据施工时的环境温度确定。

（4）顶升更换支座

由于全桥支座均存在不同程度的滑移、剪切变形，本次对全桥支座进行顶升更换，原桥支座型号为 GYZ450×120、GPZ（Ⅱ）2DX、GYZF$_4$350×76，为保证桥面高程不变，更换的支座型号、结构整体支撑体系与原桥应保持一致。

（5）主梁梁端修复

9号台处梁端与背墙挤死，致使梁端混凝土劈裂，本次对劈裂处进行凿除，采用聚合物混凝土对劈裂处进行修补。

（6）其他措施

① 对全桥集中排水系统及边坡排水系统进行改造，确保边坡免遭雨水侵蚀，并在边坡设置集水井，方便后期养护维修；

② 更换全桥伸缩缝，更换后左右幅0号、9号台、5号墩顶均采用160型梳齿板式伸缩缝；

③ 针对桥面沥青铺装层存在大量纵向裂缝，本次对沥青层进行整体更换，并对混凝土现浇层局部破损处进行维修；

④ 针对全桥人行道铺面破损，本次采用环氧彩砂对人行道面进行更换；

⑤ 为了便于后期管养过程中支座的检查，本次在桥墩新增检修通道。

8.5　本章小结

本案例桥台位移的直接原因是桥台处滑坡的推动，间接原因涉及原设计布孔的长短、桥台位置的选择、地质状况、后期运营中排水的影响等因素。现实中的运营单位应关注桥梁的建设历史，关注桥梁排水对桥台稳定性的影响，关注结构位移在桥台伸缩缝及墩身竖直度的体现，及时排查安全隐患，确保桥梁运营安全。

9 滑坡导致桥台扭转案例

9.1 工程概况

9.1.1 桥梁概况

某C匝道桥设计中心桩号为CK0+661.69,全长203.48m。跨径组合为:25m+(36+25)m+(2×25+36+25)m(图9-1、图9-2)。本桥平面位于$R=100$m的左偏圆曲线,墩台径向布置,桥面设置单向-5%横坡,1~4号跨设置2.5%纵坡,5~7号跨设置-3.5%纵坡,纵断面位于$R=2500$m的竖曲线。桥梁上部结构:第一联为现浇预应力混凝土简支箱梁,第二联为钢混组合连续梁,第三联为现浇预应力混凝土连续箱梁。箱梁采用单箱单室结构,梁高1.8m,桥面全宽10.5m,净宽9.5m,单侧悬臂1.75m。下部结构:除2号墩柱为薄壁墩,其余均为圆柱墩、柱式台,基础采用钻孔灌注桩基础。支座布置情况:第一联现浇箱梁采用盆式支座;第二联钢混组合箱梁采用球钢支座;第三联现浇箱梁3号墩、7号台处均采用双向盆式支座,4、6号桥墩曲线内侧为单向盆式支座,曲线外侧为双向盆式支座,5号桥墩采用双柱固结。

图9-1 桥梁立面

图 9-2 桥梁平面

匝道设计速度：50km/h，设计荷载等级：公路-Ⅰ级，地震动峰值加速度为 0.05g。本桥于 2018 年 10 月建成完工，2018 年 12 月通过交工验收。

2020 年 7 月，桥梁定检单位对某 C 匝道桥进行定期检查，发现存在以下主要病害：3、4、5 号墩柱开裂（5 号墩柱环向裂缝最大宽度 5mm），3 号墩柱盖梁斜向开裂；3、4、5、6 号墩柱存在不同程度的倾斜，其中 5-2 号立柱向小桩号方向最大倾斜 110.8mm（现状地表以上）；3 号墩顶伸缩缝抵死，4 号墩顶盆式支座上钢板向小桩号滑移。桥梁结构存在较大的安全隐患，为确保通车安全，管理单位已采取措施对 C 匝道桥进行封闭，开展详细检测及病害处置工作。

9.1.2 桥址地质情况

本桥桩基从上至下依次穿越地层：Q_4^{al+pl} 硬塑粉质黏土、D_3^m 全风化泥质粉砂岩、D_3^m 强风化泥质粉砂岩。

从 CK0+740～CK0+848 右侧和 ZK365+080～ZK365+173 左侧路堑边坡治理工程施工图设计文件中可知，滑坡场区内出露的地层为第四系黏性土及泥盘系上统帽子峰组（D_3^m）。

根据滑坡勘测及分析结果，滑坡点位于某互通内，由 CK0+760.0～CK0+870.0 右侧及 ZK365+080.0～ZK365+200.0 左侧两段挖方边坡构成。滑坡主滑方向正对 C 匝道桥 7 号桥台及 6 号桥墩（图 9-3、图 9-4），桥梁滑坡滑动面位于桥面以下约 10m。

图 9-3 滑坡体与路线相对位置示意图

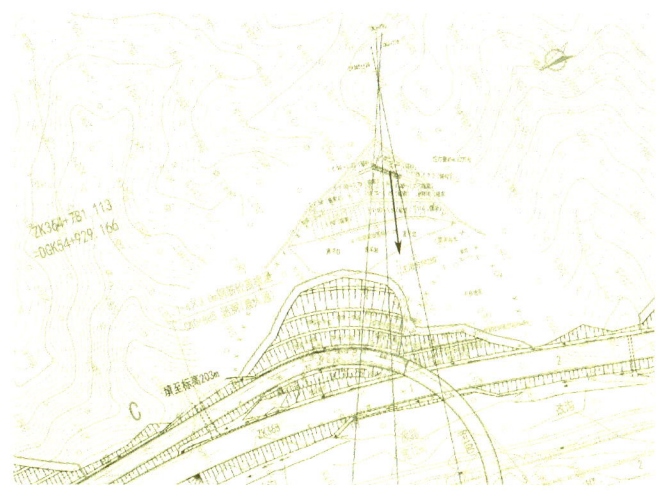

图 9-4 滑坡体与 C 匝道相对位置平面图
(图中粗箭头为主滑方向 280°)

边坡已经开展紧急处置工作，主要措施包括边坡反压、卸载，增设抗滑桩及锚索十字梁。

9.2 桥梁现状

曲线内侧、外侧如图 9-5 所示。

（1）墩柱，曲线内侧编号为-1 号、曲线外侧编号为-2 号，如 3-1 号墩柱即 3 号桥墩内侧墩柱，3-2 号墩柱即 3 号桥墩外侧墩柱；墩柱侧面描述为：大桩号面、小桩号面、左侧面、右侧面，其中大、小桩号面以路线前进方向判定，左侧面对应曲线内侧面，右侧面对应曲线外侧面。

（2）桩基，曲线内侧编号为-1 号、曲线外侧编号为-2 号，如 3-1 号桩基即 3 号桥墩内侧桩基，3-2 号桩基即 3 号桥墩外侧桩基。

（3）支座，桥跨-桥墩-曲线内侧或外侧，如 3-3-1 号支座即第 3 跨 3 号墩顶内侧支座，4-3-2 号支座即第 4 跨 3 号墩顶外侧支座。

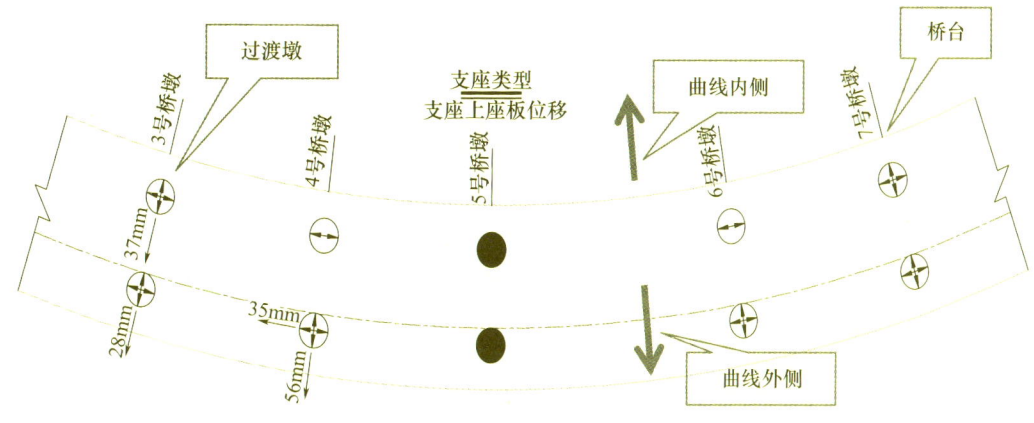

图 9-5 支座上钢板相对钢盆变位示意图

根据2020年7月桥梁定期检查报告、墩柱倾斜度测量结果、10—11月份3~5号墩柱开挖检查及部分桩基动测结果、上下部结构测量结果，桥梁结构现状及存在的主要病害如下。

9.2.1 上部结构

经检查，第二联（25+36）m钢混组合箱梁和第三联（2×25+36+25）m现浇预应力混凝土连续箱梁，梁体未见结构性裂缝等明显表观病害。第三联箱梁在3号墩处曲线外侧与盖梁挡块抵死，7号台处梁体与曲线外侧挡块抵死，背墙与主梁间建筑垃圾抵死，主梁护栏与桥台护栏相对错位（梁体向曲线外侧），全桥梁体本身未见开裂等受力性病害。

9.2.2 支座

第一联、第三联采用GPZ（2009）盆式支座，第二联采用JQZ（Ⅰ）球钢支座。第三联3号墩内、外侧支座上钢板分别向曲线外侧偏移37mm、28mm（图9-6），4号墩曲线外侧支座上钢板向曲线外侧偏移56mm（图9-7）。其他支座未见明显病害。

图9-6　4-3-2号支座上钢板向外侧偏出

图9-7　4-4-2号支座上钢板向外侧偏出

9.2.3 桥台病害

0号桥台、7号桥台表观无明显受力性病害,但测量结果表明,7号桥台现状位置与设计相比,出现明显的向曲线内侧和小桩号侧偏位,结合两侧挡块间隙表相(内侧大、外侧小),桥台或梁体(由桥台带动)有向曲线内侧滑动/转动的可能。

原桥施工单位于2020年10月27日提供了C匝道桥部分施工期控制点资料,同年11月3日,监测单位对部分控制点及桥梁结构进行了复测、监测。

平面测量结果(图9-8～图9-10)表明,第三联梁体平面位置(尤其是第6、7孔梁体)与设计偏差较大,达到50～140mm,第7孔梁体,平均偏位约130mm,方向均为向弯道内侧,最大偏移部位为靠近7号台处梁体。

1～4号墩平面位置与设计基本吻合,无明显移位现象。5号、6号墩相比设计墩位,有约100mm的偏位,偏位方向为向弯道内侧。7号桥台有扭转现象。

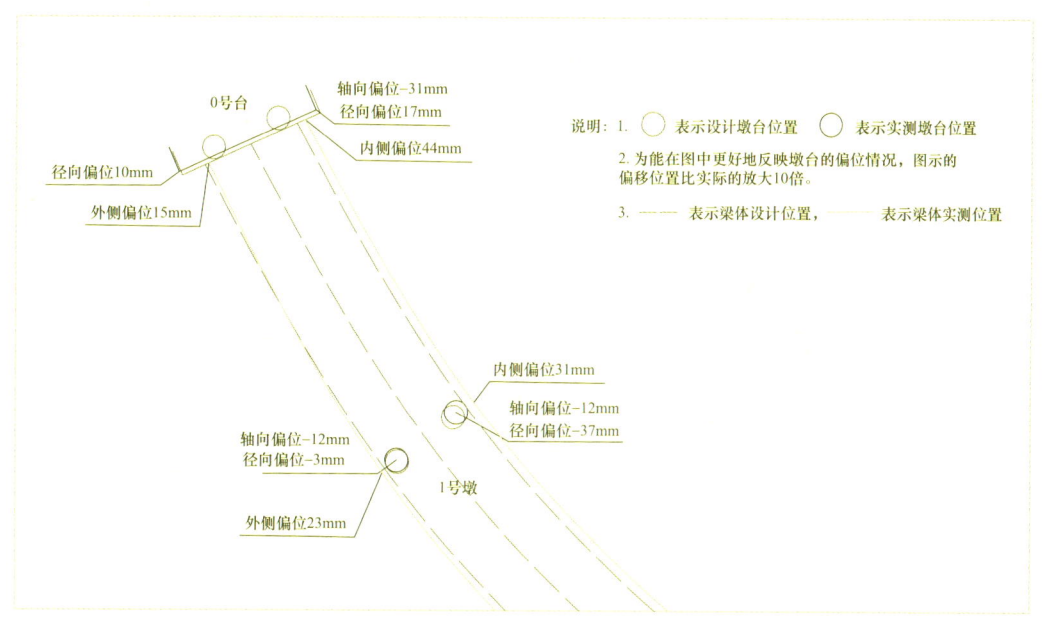

图9-8　C匝道桥(第一联)上下部现状平面位置与设计对比

9.2.4 桥墩、盖梁、桩基

根据定检报告,该桥2号、3-1号、3-2号、4-1号、5-1号和5-2号共6根墩柱底部存在多条环裂,裂缝宽度为0.14～0.4mm,个别裂缝最大宽度达0.68mm。

(1)2号桥墩墩身

2号桥墩为薄壁墩,墩身底部从地面往上2.5m范围左侧、大桩号侧共存在5条环向裂缝,裂缝宽度为0.1～0.14mm(图9-11)。

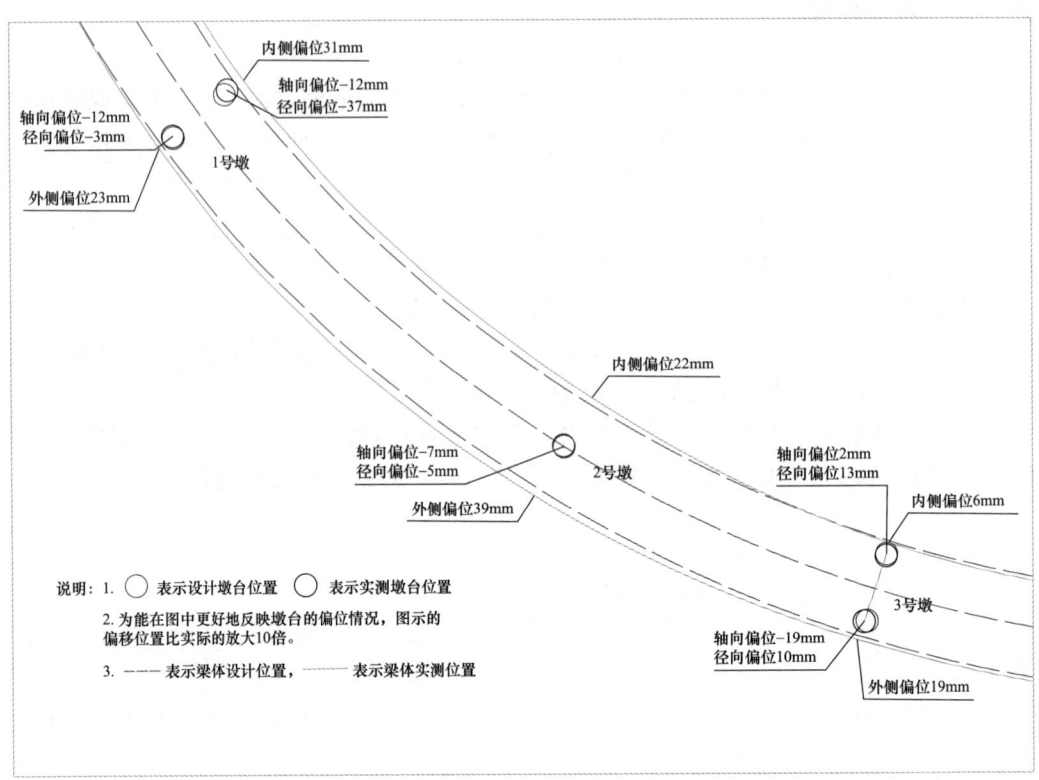

图 9-9 C 匝道桥（第二联）上下部现状平面位置与设计对比

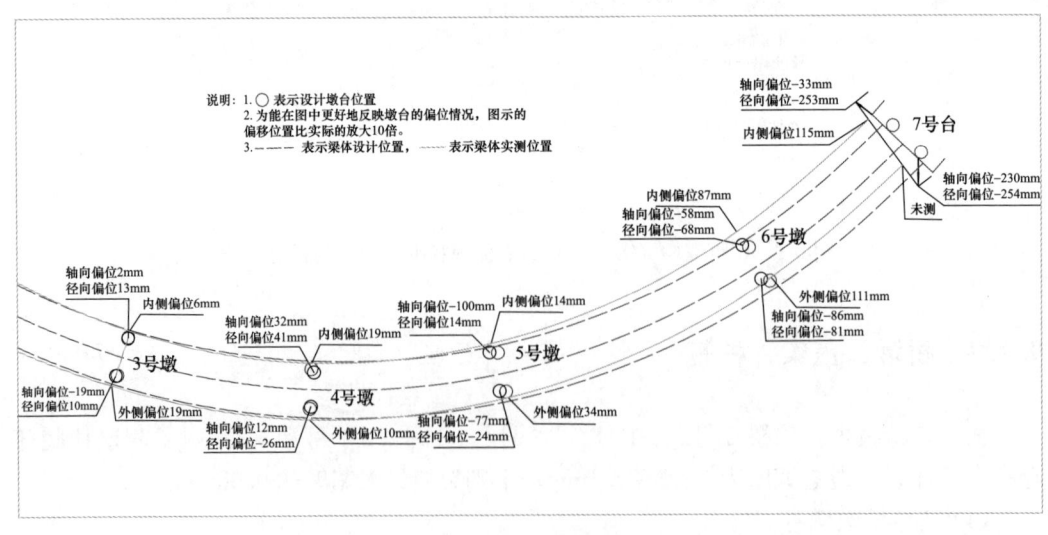

图 9-10 C 匝道桥（第三联）上下部现状平面位置与设计对比

图9-11 2号桥墩墩身大桩号侧下部5条环向裂缝

(2) 3号桥墩立柱

3-1号立柱顶部从上往下2m范围大桩号侧存在7条环向裂缝（图9-13），裂缝延伸至右侧及小桩号侧，裂缝宽度为0.16～0.2mm，最大裂缝宽度为0.3mm。3-1号立柱底部从地面往上1m米范围大桩号侧存在3条环向裂缝（图9-12），裂缝延伸至左侧及小桩号侧，裂缝宽度为0.2～0.3mm。管养中心于2020年10月27日对3-1号立柱地面以下填土进行开挖（图9-14），开挖总深度2.9m，系梁顶部至地面1.4m，开挖面为大桩号侧和右侧面。检查发现：地面以下1.4m范围内立柱右侧面共存在3条环裂（图9-15），缝宽为0.14～0.24mm，裂缝竖向靠地面端缝宽较大。同时对3-1号立柱的桩基采用动测法进行检测，基桩完整性情况为桩头以下13.9m左右位置存在一般缺陷，因此该桩被判定为Ⅱ类桩。

图9-12 3-1号立柱左侧底部环裂

图 9-13　3-1 号立柱顶部右侧环裂

图 9-14　3 号墩柱地面下挖开状况照

图 9-15　3-1 号立柱地面下大桩号侧环裂

3-2 号立柱底部从地面往上 1m 范围左侧存在 3 条环向裂缝（图 9-16），裂缝延伸至大桩号侧，裂缝宽度为 0.12～0.2mm。管养中心于 2020 年 10 月 27 日对 3-2 号立柱地面以下填土进行开挖，开挖总深度 2.9m，系梁顶部至地面 1.4m，开挖面为大桩号侧和左侧面。检查发现：地面以下 1.4m 范围内立柱右侧面共存在 7 条环裂，缝宽为 0.14～0.2mm，裂缝竖向靠系梁顶部缝宽较大，系梁大桩号侧共有 2 条斜向裂缝，缝宽最大值为 0.25mm（图 9-17）。同时对 3-2 号立柱的桩基采用动测法进行检测，基桩完整性情况为桩头以下 7.1m 左右位置存在一般缺陷，因此该桩被判定为Ⅱ类桩。

图 9-16　3-2 号墩立柱左侧底部环裂

图 9-17　3-2 号立柱开挖后，发现地系梁开裂

(3) 3 号桥墩盖梁

3 号盖梁（小桩号侧）2 号立柱顶存在 5 条竖裂（图 9-18），裂缝宽度为 0.2～0.3mm；3 号盖梁（大桩号侧）2 号立柱顶存在 7 条斜裂，6 条斜裂延伸至盖梁顶部，裂缝宽度为 0.2～0.5mm，裂缝形状为上宽下窄，裂缝方向为立柱间斜向裂至立柱（图 9-19～图 9-21）。

(4) 4 号桥墩主柱

4-1 号立柱底部从地面往上 1.8m 范围大桩号侧和左侧面共存在 7 条环向 U 形裂缝（图 9-22），裂缝宽度为 0.1～0.12mm。管养中心于 2020 年 10 月 27 日对 4-1 号立柱地面以下填土进行开挖，开挖总深度 4m，开挖面为小桩号侧和右侧面，未见立柱底部存在明显病害。

图 9-18　3 号桥墩盖梁小桩号面斜向开裂

 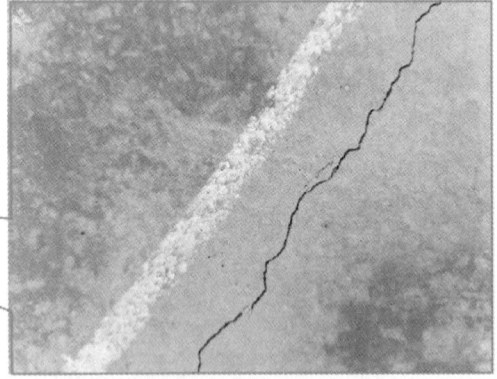

图 9-19　3 号桥墩盖梁大桩号面斜向开裂

图 9-20　3 号桥墩盖梁大桩号面斜向开裂局部

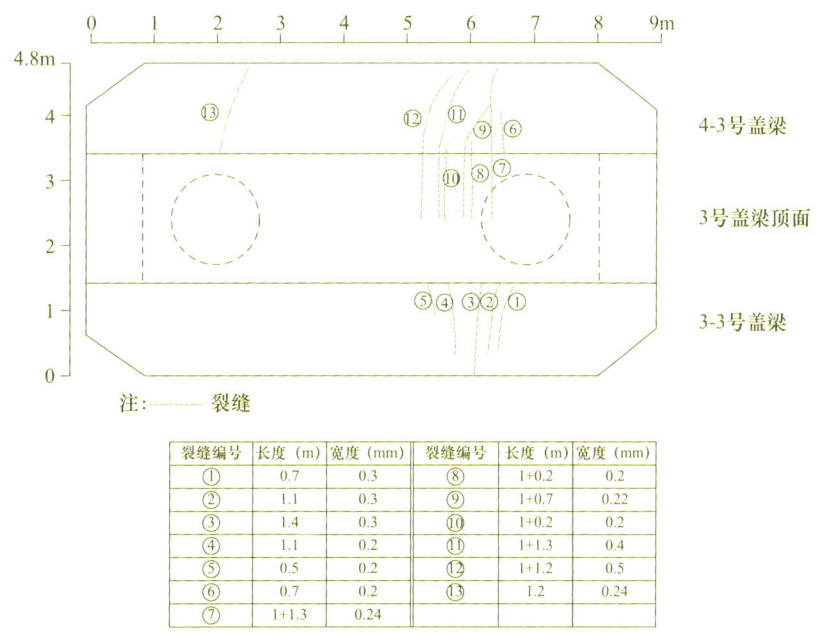

裂缝编号	长度 (m)	宽度 (mm)	裂缝编号	长度 (m)	宽度 (mm)
①	0.7	0.3	⑧	1+0.2	0.2
②	1.1	0.3	⑨	1+0.7	0.22
③	1.4	0.3	⑩	1+0.2	0.2
④	1.1	0.2	⑪	1+1.3	0.4
⑤	0.5	0.2	⑫	1+1.2	0.5
⑥	0.7	0.2	⑬	1.2	0.24
⑦	1+1.3	0.24			

图 9-21　3 号墩盖梁裂缝展开示意图

图 9-22　4-1 号立柱大桩号侧、左侧底部环裂

（5）5 号桥墩（墩梁固结）

5-2 号立柱顶部从上往下 2m 范围小桩号侧存在较多环向裂缝（图 9-23），裂缝宽度大多为 0.2~0.4mm，最大裂缝宽度为 3mm，裂缝环向中部宽度最宽，逐渐向两侧减小，裂缝竖向顶部宽度最宽，缝宽从上往下逐渐减小；立柱底部从地面往上 1.8m 范围大桩号侧存在较多环向裂缝（图 9-24），裂缝宽度为 0.14~0.4mm，最大裂缝宽度为 0.68mm，裂缝环向中部宽度最宽，逐渐向两侧减小，裂缝竖向顶部宽度最宽，缝宽从上往下逐渐减小。5-2 号立柱底部土堆至立柱顶净空为 6m（设计为 4.65m），其中大桩号侧土堆比小桩号侧土堆低 0.7m。5-2 号立柱大桩号侧立柱底部与土堆存在间隙，间隙为 2cm（图 9-25）。

管养中心于 2020 年 10 月 26 日对 5-2 号立柱地面以下填土进行开挖（图 9-26），开挖总深度 3.3m，系梁顶部至地面 2.9m，开挖面为小桩号侧、左侧面。检查发现：地面以下 2.9m 范围内立柱左侧面共存在 10 条环裂，$\delta=0.08\sim0.22$mm，裂缝环向中部宽度最宽，逐渐向两侧减小，立柱上部（靠地面端）宽度最宽，缝宽从上往下逐渐减小。同时对 5-2 号立柱桩基采用动测法进行检测，基桩完整性情况为桩头以下 8.1m 左右位置存在一般缺陷，因此该桩被判定为Ⅱ类桩。

图 9-23　5-2 号立柱小桩号侧顶部环裂

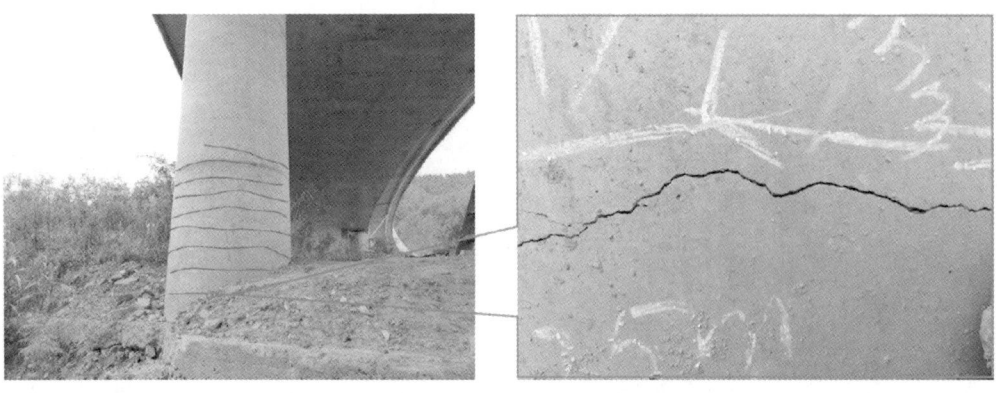

图 9-24　5-2 号立柱大桩号侧底部环裂

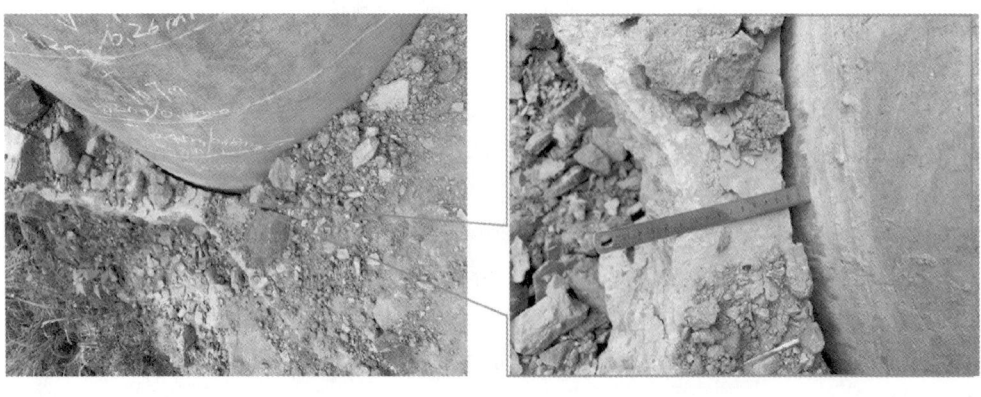

图 9-25　5-2 号立柱大桩号侧立柱与土堆脱开

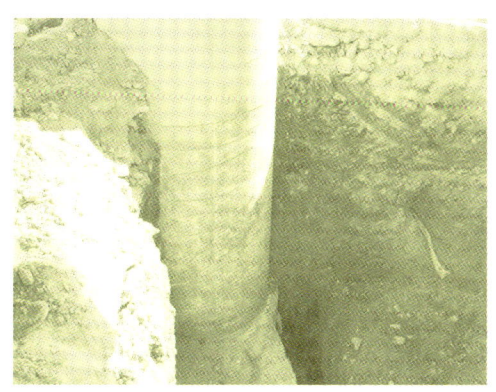

图 9-26　5-2 号立柱地面下左侧面环裂、地系梁现状

（6）6 号桥墩立柱

6-2 号立柱左侧和小桩号侧底部与土堆存在间隙（图 9-27），间隙为 11cm。未对 6 号墩柱底部填土进行开挖。

图 9-27　6-2 号立柱底部左侧、小桩号侧底部与土堆脱开

9.2.5　墩柱倾斜变位

根据测量结果，3～6 号桥墩均发生不同程度的倾斜变位（图 9-28、图 9-29）。

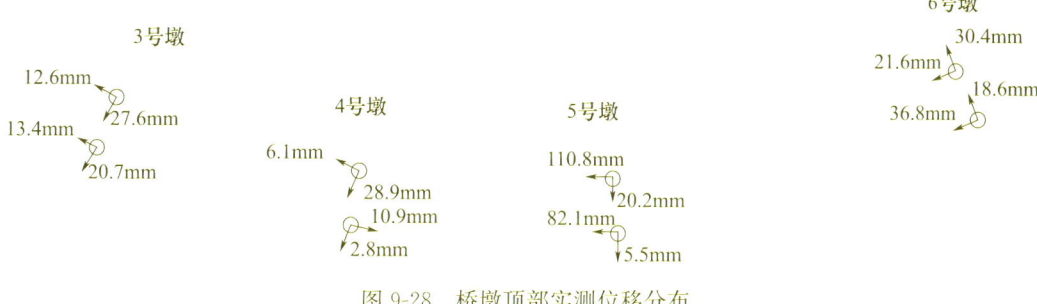

图 9-28　桥墩顶部实测位移分布

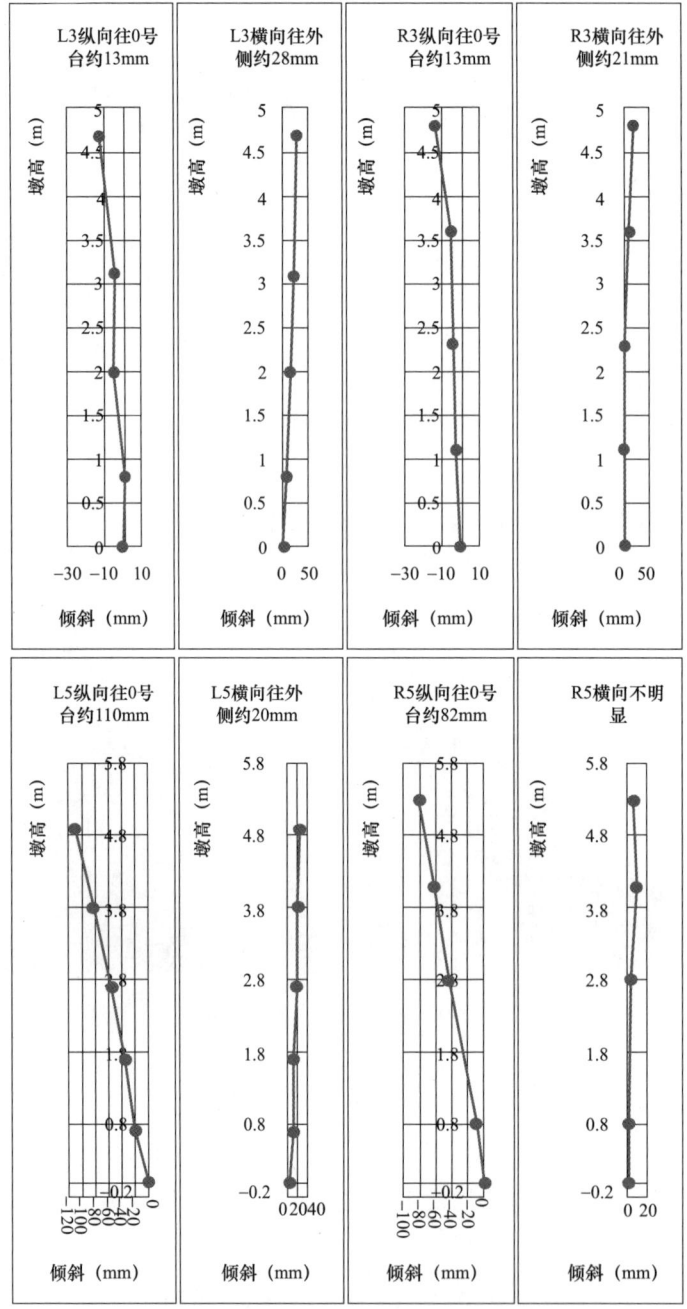

图 9-29 3、5 号桥墩偏位测量结果

9.2.6 桩基检测

某检测有限公司对 3 号、5 号桥墩的 4 根桩基采用动测法进行检测，结果显示受检的 4 根桩基均为 Ⅱ 类桩，具体检测结果如下：3-1 号桩基桩头以下 13.9m 均存在一般缺陷，3-2 号桩基桩头以下 7.1m 均存在一般缺陷，5-1 号桩基桩头以下 8.7m 均存在一般缺陷，5-2 号桩基桩头以下 8.1m 均存在一般缺陷。

9.2.7 桥面及附属设施

桥面铺装：沥青混凝土桥面表观未见明显病害。

防撞护栏：1号墩、7号台顶防撞墙存在横向错位现象，错位量为3～10cm（图9-30、图9-31）。

伸缩缝：3号墩顶伸缩缝挤死、竖向错位6mm（图9-32）。3号伸缩缝处7号桥台背墙与主梁间，在梁体下部以建筑垃圾填塞。

排水设施：基本完好。

图9-30　1号墩顶右侧防撞护栏横向错位

图9-31　7号桥台右侧防撞护栏横向错位

图9-32　3号墩顶伸缩缝挤死

9.2.8 墩台挡块与墩柱间隙测量结果

挡块间隙为0.8~13cm，支座滑移量为2.8~5.6cm（图9-33）。

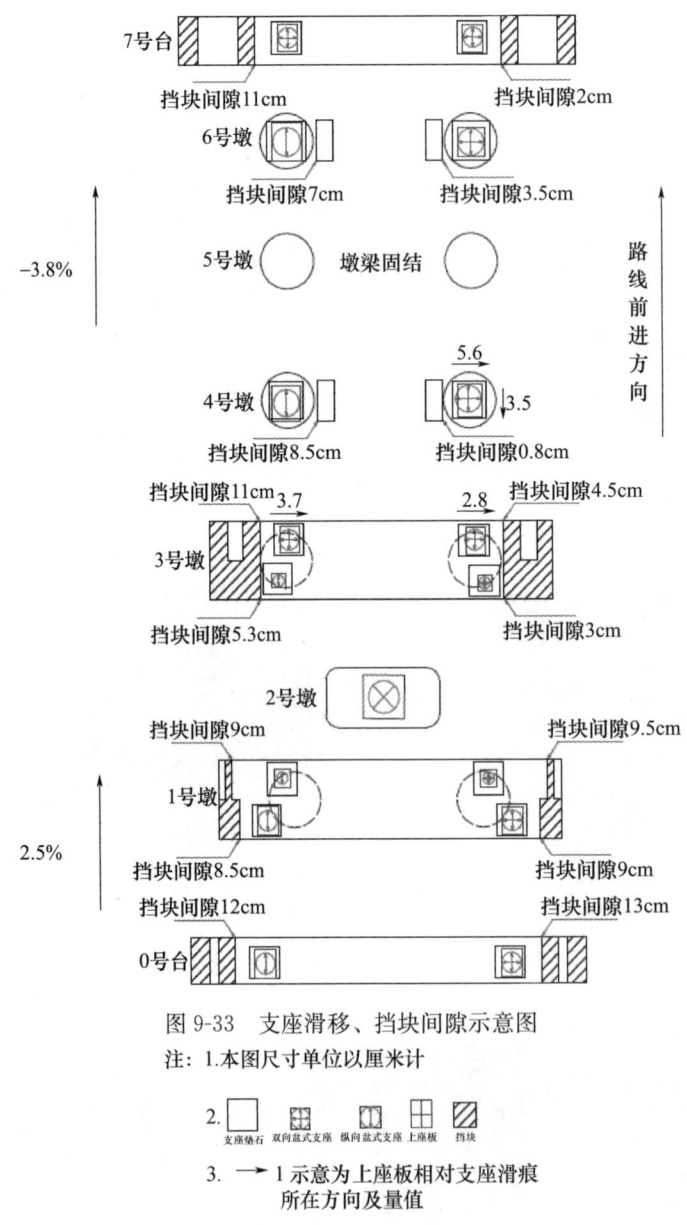

图9-33 支座滑移、挡块间隙示意图
注：1.本图尺寸单位以厘米计
2. 支座垫石 双向盆式支座 纵向盆式支座 上座板 挡块
3. →1 示意为上座板相对支座滑痕所在方向及量值

9.3 桥梁受力、位移与病害成因分析

9.3.1 表观主要病害总结

从检测和测量结果看，全桥整体病害表现为墩柱倾斜、开裂，上部梁体相对墩柱有滑移、变位（图9-34）。

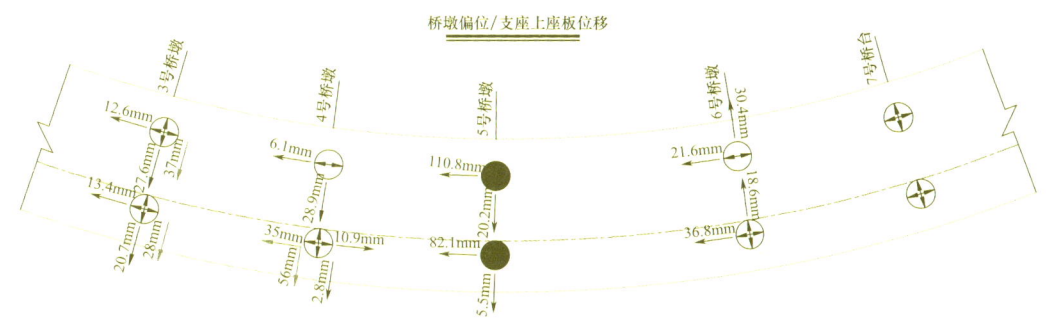

图 9-34 第三联桥墩偏位、支座上钢板位移示意图

从第三联表观病害表象来看，主要有如下几点：

（1）3号墩（接盖梁）处，墩柱、上部箱梁整体向曲线外侧偏位，此处为双向滑动支座，梁体纵横向均可滑动，且外侧挡块几乎与梁体抵死，因此初步判断，梁体向曲线外侧滑动（转动），带动桥墩盖梁向曲线外侧倾斜。顺桥向，墩顶伸缩缝呈抵死状态，结合支座上座板滑动情况，表明梁体存在顺桥向滑动。

（2）4号墩处，内侧为单向支座，外侧为双向支座。从外侧柱顶看，墩柱偏位值相对偏小，梁体向外侧滑动数值明显大于墩柱倾斜数值，表明外侧墩柱处梁体向曲线外侧滑动，且挡块未抵死，表明梁体滑动未带动桥墩偏位；对于内侧墩柱，因设置单向支座，梁体向外侧滑动带动墩柱向外侧倾斜，表现为内侧墩柱倾斜量相对较大，同时，与内侧墩柱底部的裂缝开裂情况相吻合。

（3）5号墩柱为固结墩，墩柱倾斜量值较大，且开裂较严重。其主要表现为纵向往小桩号方向偏位，且偏位值较大，排除地质因素，推测梁体变位导致墩柱倾斜；且墩柱横向偏位不均衡，内侧大、外侧小，表明梁体可能存在横向变位，也可能出现平面转动。

（4）6号墩柱，根据偏位测量结果并结合柱顶设置滑动支座、限位挡块外侧距墩柱近、内侧距墩柱远的情况，初步判断，6号墩立柱均有向小桩号、曲线内侧偏位的情况，且墩柱偏位与梁体滑动无明显关联关系。同时，从墩柱底部土体与墩柱内侧脱开情况来看，可能为周边土体带动墩柱偏位。但还存在一种可能，因内侧墩柱为单向滑动支座（横向限位），此处梁体发生向内侧变位（转动）时，也可能带动内侧墩柱向内侧偏位，但总体看，此种情况并非墩柱偏位的主要原因。

（5）7号桥台，桥台表观无明显受力性病害，测量结果表明，7号桥台现状位置

与设计位置相比，出现明显的向曲线内侧和小桩号侧偏位现象，结合两侧挡块间隙表相（内侧大、外侧小），桥台或梁体（由桥台带动）有向曲线内侧滑动/转动的可能。

小结：3号、4号、5号及6号墩柱沿纵桥向往小桩号倾斜，3号、4号、5号墩柱向曲线外侧倾斜，6号墩柱向曲线内侧倾斜，同时6号墩柱底部与土体在曲线内侧和小桩号侧发生脱离。6号墩、7号台及对应上部梁体实际位置与设计位置偏差较大，且7号台处偏差最大。从墩柱变位和梁体变位总体分析来看，上部梁体存在整体向小桩号侧、大桩号侧向曲线内侧变位的同时，也存在绕5号墩柱逆时针转动的迹象。

9.3.2　病害成因分析

（1）5号墩柱：受边坡下滑力影响，主梁向小桩号侧纵移，且梁体逆时针平面扭转，并在7号台梁端处受向小桩号方向的纵向推力，梁体带动5号墩向小桩号侧倾斜，导致墩柱小桩号顶部、大桩号底部环向开裂；同时，梁体纵桥向变位导致3号墩顶伸缩缝抵死。

（2）3号墩柱：受上部结构主梁变位影响，3号墩处梁体向曲线外侧变位（滑动或转动），当外侧横向挡块抵死后，变形受到限制，主梁将带动桥墩、盖梁向曲线外侧倾斜，导致墩柱、盖梁开裂。

（3）4号墩柱：梁体向曲线外侧变位（滑动或转动），4号墩柱外侧为双向支座，梁体变位导致支座滑动；内侧为单向支座，无法滑动，主梁将带动墩柱向曲线外侧倾斜，导致曲线内侧墩底开裂。

（4）6号墩、7号台：受边坡下滑力影响，6号墩、7号台受到向曲线内侧的径向力和向小桩号方向的轴向力，导致墩台发生变位。

（5）梁体变位：7号台受边坡滑动影响，导致梁体向曲线内侧和小桩号方向偏位，同时导致梁体绕5号墩逆时针旋转。

综合病害分析和计算模拟分析，桥梁产生病害的主要原因为7号桥台受到了沿桥梁方向和垂直于桥梁方向的外力，即边坡下滑力导致桥梁出现墩柱倾斜、开裂、变位和梁体变位等病害。

9.3.3　桥梁受力来源分析

C匝道表现出来的主要病害有桥墩倾斜（沿路线切线、法线方向）、桥墩裂缝、盖梁裂缝、挡块与墩柱抵死、支座钢盆错位、伸缩缝挤死。结合前期分析验算结果，以上病害均表明：桥梁整体受到了从大桩号方向往小桩号方向的巨大推力，且在现状桥梁结构体系下，正常受力状态（汽车荷载、温度等作用）均不能导致结构出现如此明显的病害。

因此，结合大桩号侧滑坡勘察结果及处置方案，初步推断，作用于桥梁的推力与边坡的滑坡灾害有直接关系，即桥梁受力来源于边坡的滑坡灾害。

滑坡灾害作用于桥梁的作用点有两处：第1处作用于7号桥台，第2处作用于6号桥墩，以第 1 处作用力为主导。

(1) 第 1 处作用于 7 号桥台

滑坡体向下滑移，推动 7 号桥台背墙与梁端抵死，巨大的土体推力通过 7 号桥台作用于桥梁第三联上部结构（可整体视为刚体），推力方向可分为两个方向：垂直于桥台背墙、平行于桥台背墙，其中平行于桥台背墙的力是通过抵死部位的摩擦力施加的。

(2) 第 2 处作用于 6 号桥墩

① 6 号桥墩立柱向路线小桩号侧、左侧发生位移，但是在立柱位移的侧边存在墩柱与土体脱开的现象（图 9-35），说明土体相对于墩柱发生了更大的位移，且位移方向与 6 号墩柱一致。此部分受到滑坡体推移的浅层土体对 6 号桥墩产生的直接作用力，作用方向与 6 号桥墩周围土体的位移方向一致，并且通过该桥墩将推力作用于桥梁上部结构等。

图 9-35　6-2 号立柱底部左侧、小桩号侧墩柱与地面土体脱开

② 5 号桥墩立柱向路线小桩号侧位移，立柱的大桩号侧发生与土体脱开的现象（图 9-36），说明 5 号桥墩受到的推力来自上部结构，且已不在滑坡体的范围内。

图 9-36　5-2 号立柱底部大桩号侧墩柱与地面土体脱开

综合（1）、（2）的分析可以判定：5 号桥墩在滑坡体的直接影响范围之外，6 号桥墩在滑坡体的直接影响范围内，6 号桥墩立柱受到了地面土体的直接推力作用。

9.3.4 桥梁整体受力分析

由于桥梁主要病害分布在第三联,以下将以第三联为对象进行整体受力分析。

前面内容分析的两处来源的作用力同时作用于第三联的 7 号桥台、6 号桥墩,此作用力按照桥墩的刚度比例、挡块的抵死状态、支座的摩阻系数分配到各个桥墩,其中 5 号桥墩由于墩梁固结相对刚度最大,受到的推力最大,所以变形、裂缝宽度均最大。曲线内侧设置单向受力盆式支座,横向变形受到约束,所以,内侧桥墩受到更大的横向推力、产生更大的横向变形。

由于 5 号墩顶部墩梁固结,阻滞了上部结构梁体的整体平移,导致第三联桥梁结构绕 5 号桥墩发生了逆时针转动(图 9-37)。

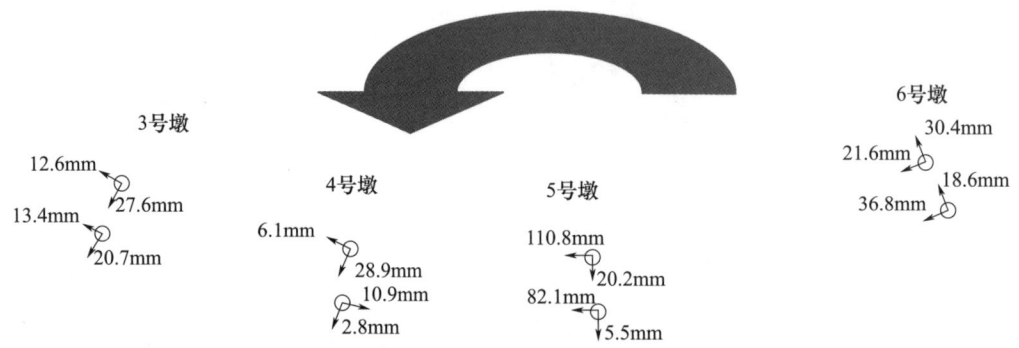

图 9-37　第三联上部结构绕 5 号桥墩发生逆时针转动位移
(桥墩顶部位移分布与桥梁整体受力分析相互印证)

以上对桥梁的整体受力分析与桥墩顶部的位移大小、方向相互印证,即 3 号、4 号、6 号桥墩的内侧墩柱顶部的横向位移更大,6 号桥墩顶部横向位移为曲线内侧方向,3 号、4 号桥墩顶部横向位移为曲线外侧方向。

9.4　加固处置

为确保桥梁的安全运营和耐久性,须对既有病害进行处置。结合下部墩身位移,桥墩、盖梁裂缝分布,支座变形等病害现状,同时根据结构现状计算,拟定如下病害处置设计方案。

9.4.1　病害处置思路及要点

1) 整体处置思路

根据病害及分析结果,桥梁处置思路如下:

(1) 对可能存在严重开裂、破坏的桥墩桥台桩基(3 号、5 号、6 号、7 号),采取增加桩基及承台措施加固处置。

(2) 对开裂严重的 5 号桥墩,解除墩梁固结,并改造成薄壁式桥墩(哑铃形断面)、支座支承;对开裂较严重的 3 号桥墩墩柱及盖梁,采取外包混凝土、增大截面加固;对存在开裂的 2 号墩身、4 号墩内侧墩柱，采取裂缝封闭灌浆措施。

（3）对 7 号桥台的处置：拆除重做原台帽、背墙、耳墙，新增矩形截面桩基，废除原桩基的支承作用，支座传递上部结构的作用力完全由新增桩基、台帽承受。

（4）对偏位较大的第二联、第三联梁体，纠偏复位，恢复结构正常受力状态。

（5）调整第三联箱梁支撑体系，优化支座布置，使得加固后的结构受力更合理。

2）加固设计要点

（1）3 号墩处置

3 号墩立柱、盖梁开裂较严重，另外根据附件计算 4.1.2 节对 3 号桥墩桩基的模拟计算，3 号桥墩桩基顶部有较大可能出现裂缝。按照安全、保守设计的原则，处置方案如下：不考虑原桩基的承载力，在既有桥墩纵桥向两侧各新增 1 根桩基，并新增承台与原墩柱连接；对立柱、盖梁采取外包混凝土进行加固（盖梁设置骨架钢筋，以提高盖梁的承载能力）。

（2）5 号墩处置

5 号固结墩受主梁变位的影响，严重开裂及变位，考虑到固结墩开裂严重，5 号桥墩桩基顶部有较大可能出现裂缝。按照安全、保守设计的原则，处置方案如下：

① 在既有桥墩纵桥向两侧各新增 1 根桩基，并新增承台；

② 解除墩梁固结，将 5 号墩改造成薄壁式桥墩（哑铃形断面）、支座支承。

（3）6 号墩处置

6 号墩受边坡病害的影响较大，根据平面检测结果，6 号墩相比设计墩位有约 100mm 的偏位，偏位方向为往曲线内侧。按照安全、保守设计的原则，处置方案如下：不考虑原桩基的承载力，在桥墩既有纵桥向两侧各新增 1 根桩基，并增设承台与原墩柱连接，以保证基础的承载能力。

（4）7 号桥台处置

7 号桥台受边坡滑动的影响最大，根据平面检测结果，7 号桥台有扭转现象（向曲线内侧），最大位移达 342mm。按照安全、保守设计的原则，处置方案要点如下：首先对 7 号台后土体分层开挖至新增桩基顶面位置，拆除 7 号台背墙、耳墙。然后，在主梁、桥台附近土体稳定后，在台前地面施工临时支架、顶托梁体。桥台变位稳定后，拆除 7 号台台帽、割除原桩基顶部 1.5m 范围。测量放样、确定桥台新增桩基位置，施工地下连续墙（工作井），人工开挖桩基。7 号台桩基施工完成后，继续进行新增台帽的施工（背墙暂不施工）；当台帽强度达到设计要求后，落梁、拆除台前临时支承支架。待纵向纠偏完成后，恢复台后路基路面、桥台背墙等。

（5）2 号、4 号墩柱处置

2 号墩身、4 号墩柱底部均存在少量裂缝，且 4 号墩开挖后，地表以下未见裂缝。因此，本次暂对墩柱裂缝进行压浆封闭处理，后期加强观测；如在加固后运营阶段，裂缝出现明显发展现象，则建议进行外包混凝土或外包钢板处置。

（6）上部结构复位及支座布置体系优化

对第二、三联主梁进行顶推复位，并且优化第三联的支座布置体系（图 9-38～图 9-40）。3 号墩内侧、4 号墩外侧、6 号墩外侧、7 号台内侧的支座均改为单向支座，5 号墩梁固结改为固定支座。

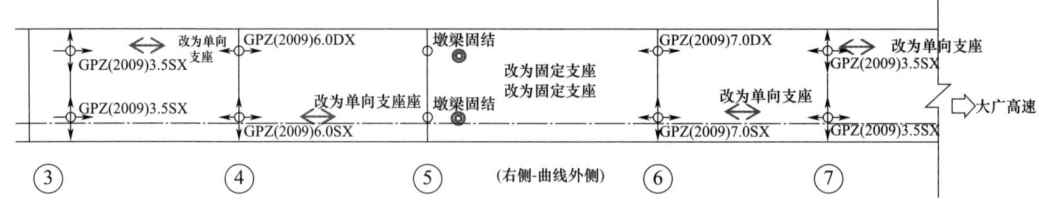

图 9-38 第三联的支座布置体系优化示意图

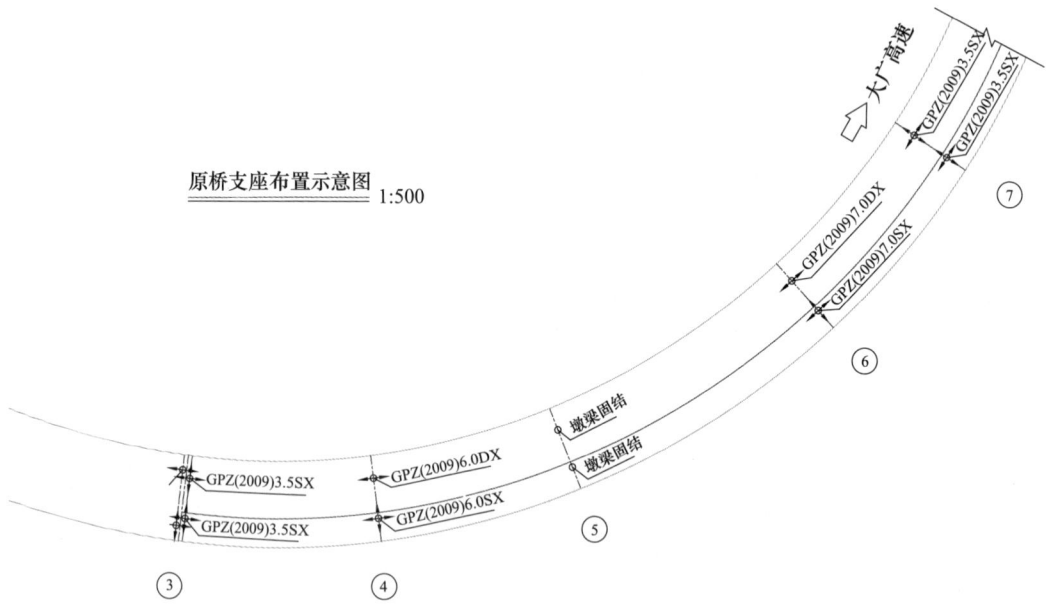

图 9-39 第三联的原设计支座布置体系

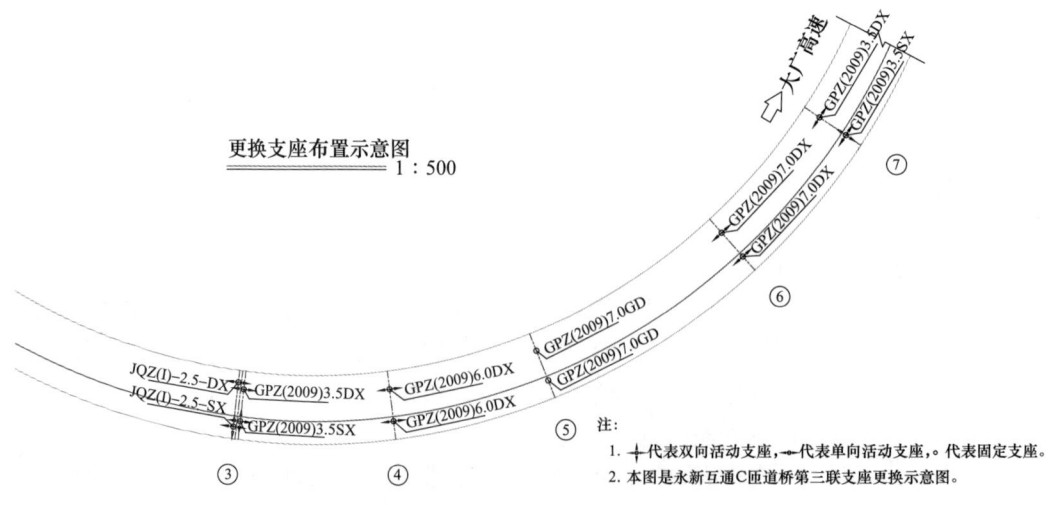

图 9-40 第三联本次优化后的支座布置体系

9.4.2 下部结构加固设计

方案：3号、5号、6号桥墩新增桩基、承台，7号桥台新增桩基、重做台帽，3号墩盖梁及墩柱外包混凝土处置（图9-41、图9-42）。

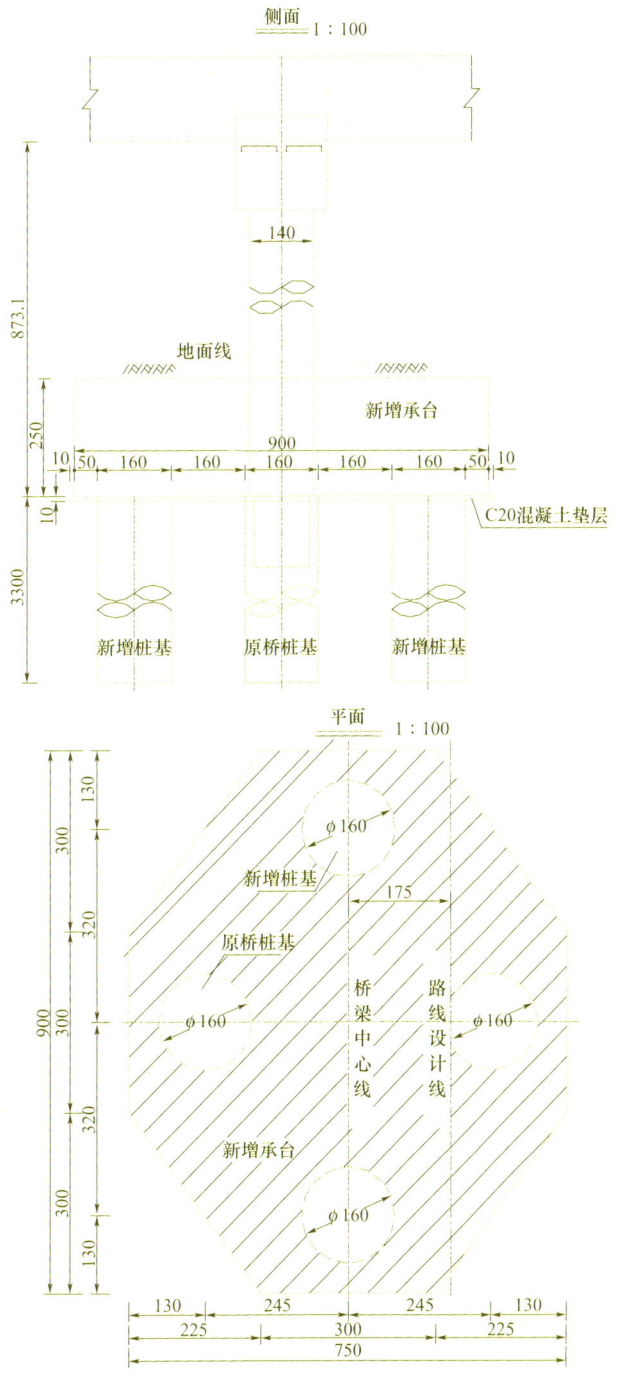

图9-41 3号桥墩新增桩基、承台示意图

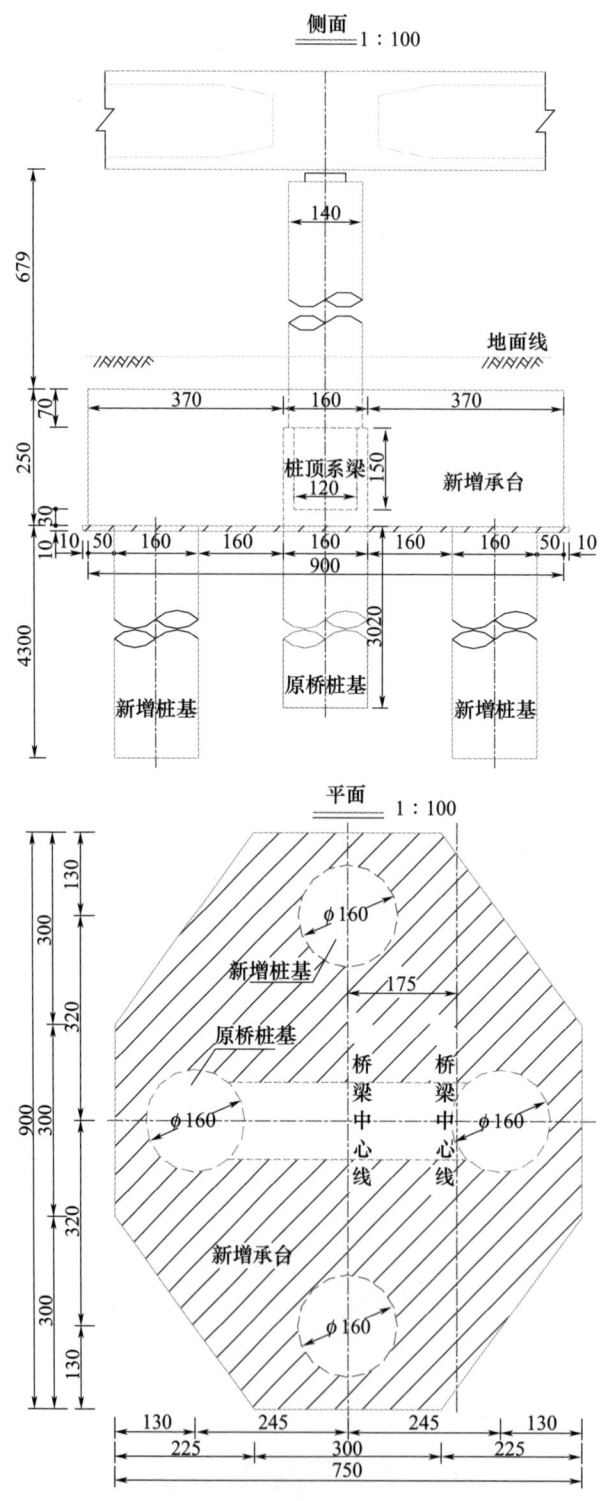

图 9-42　6号桥墩新增桩基、承台示意图

(1) 3号、6号桥墩处理：新增2根直径1.6m桩基和承台。

(2) 5号墩柱处理：①在既有桥墩纵桥向两侧各新增1根桩基，并新增承台（图9-43）；②解除墩梁固结，将5号墩改造成薄壁式桥墩（哑铃形断面）（图9-44）；③待上部主梁纠偏完毕后，在5号墩顶部安装固定支座。

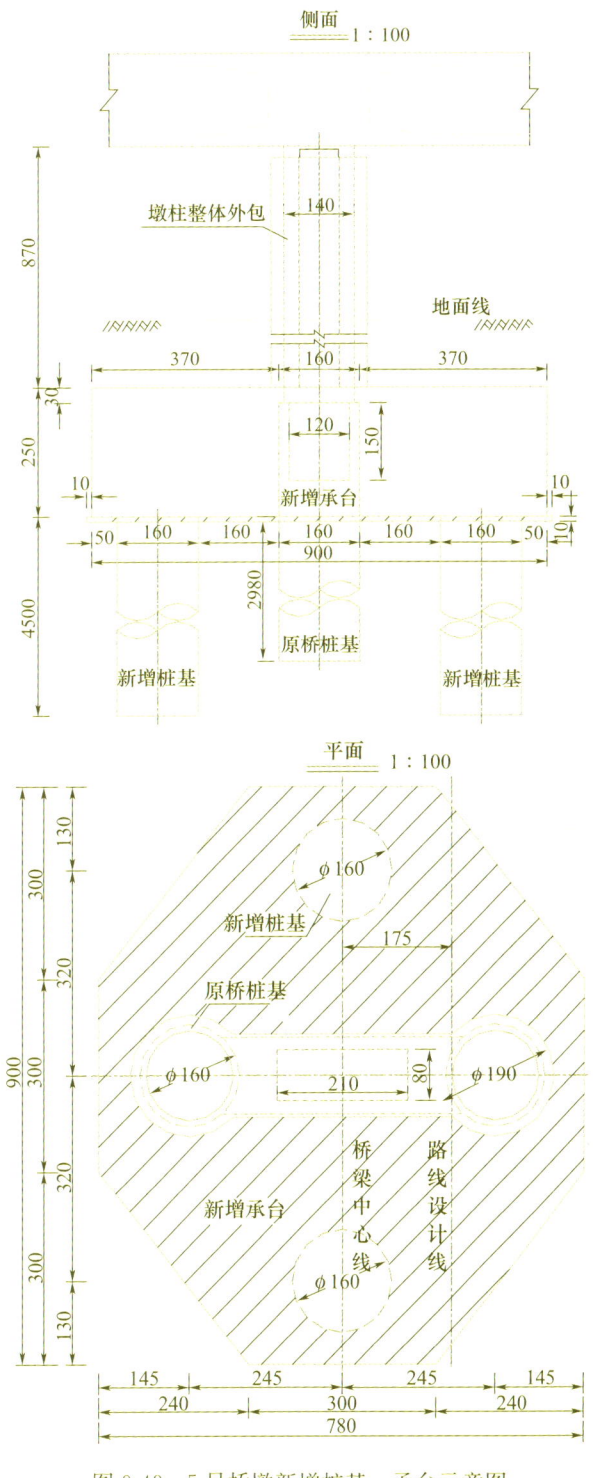

图9-43 5号桥墩新增桩基、承台示意图

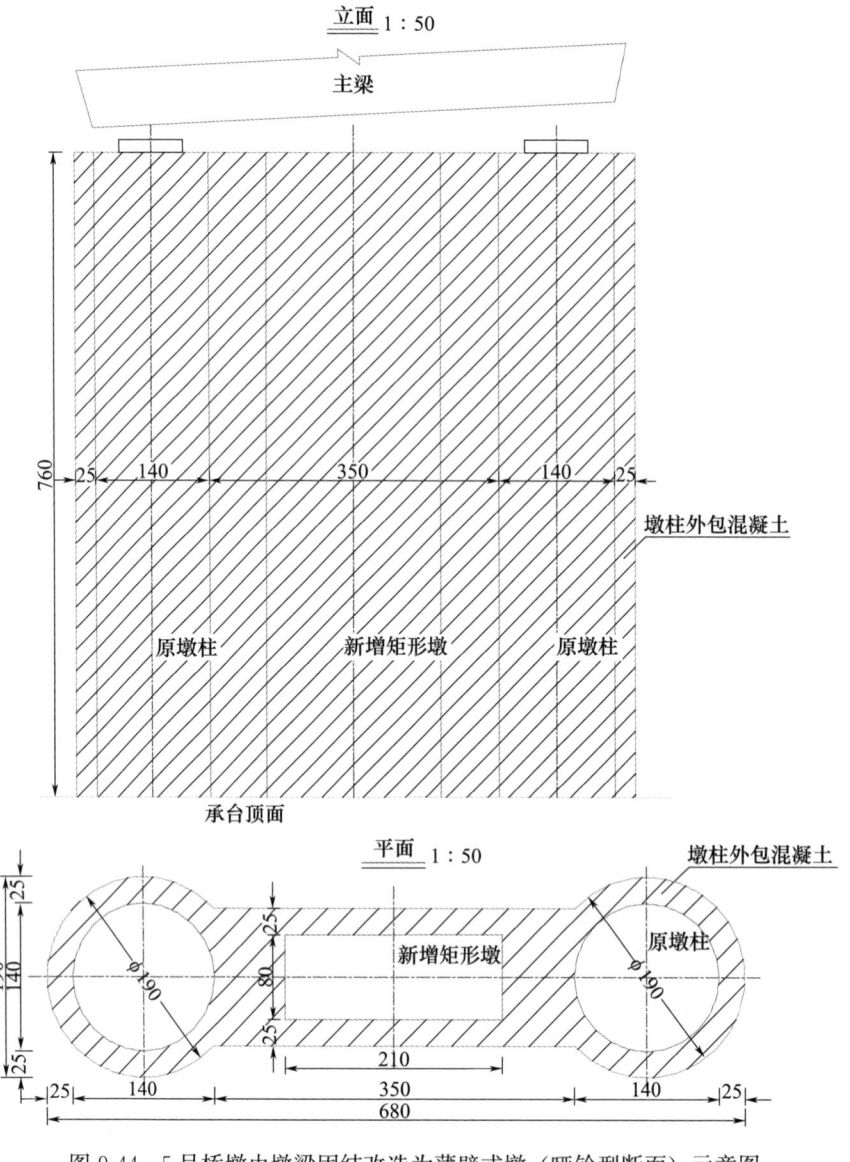

图 9-44　5 号桥墩由墩梁固结改造为薄壁式墩（哑铃型断面）示意图

（3）7 号台处理：第一步，对 7 号台后土体分层开挖至新增桩基顶面位置。第二步，拆除 7 号台背墙、耳墙。第三步，在台前地面施工临时支架、顶托梁体，顶升高度以梁体脱离桥台为宜。第四步，拆除 7 号台台帽、割除原桩基顶部 1.5m 范围（为新增台帽提供施工空间）。第五步，测量放样、确定桥台新增桩基位置（中心位于原桩基中心连线的中点），人工开挖桩基（图 9-45）。第六步，7 号台桩基施工完成后，进行新增台帽的施工（背墙暂不施工），新增台帽仅与新增挖孔桩连接，不与原桩基连接；当台帽强度达到设计要求后，落梁、拆除台前临时支承支架。考虑到梁体回落后可能与原支座设置位置不一致，且后续需整体顶推复位梁体，此时需在台帽处设置临时支撑。

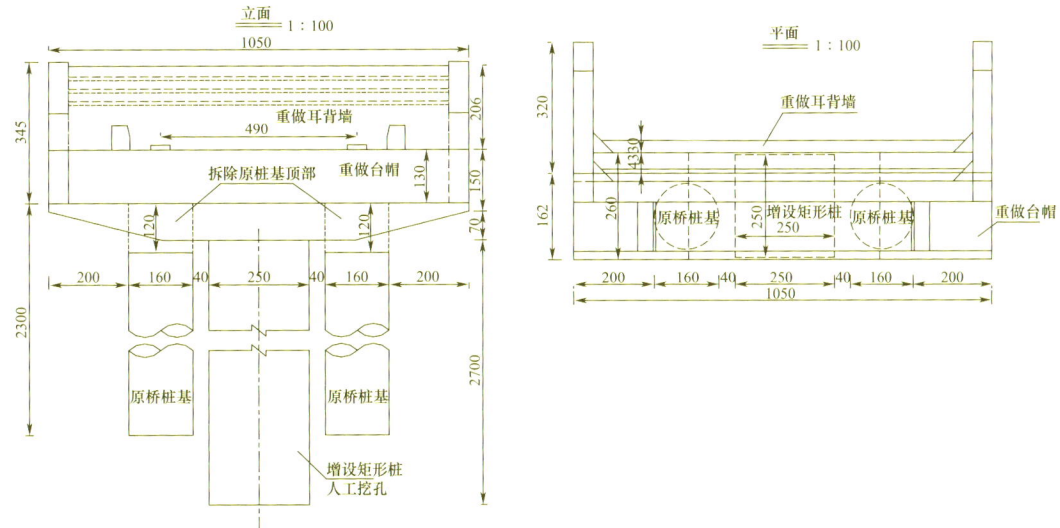

图 9-45　7号台新增桩基、重做台帽构造示意图

（4）桥墩、盖梁处理：主梁纵向纠偏完毕后，对墩柱、盖梁裂缝进行修复；对 3-1 号、3-2 号柱外包 C35 混凝土进行补强、3 号盖梁外包 C35 混凝土加固补强。

9.4.3　上部结构箱梁纠偏

本桥将原桥墩台（1～6 号桥墩及 7 号桥台）顶面作为顶升的反力基础实现桥梁整体竖向顶升。在 1～6 号桥墩附近箱梁底安装纵向、横向顶推反力架，在顶推反力架处设置角钢支架作为千斤顶的支撑系统，将顶推着力点设在箱梁反力架及桥墩之间，实现箱梁整体的纵向、横向复位。

经过纵向顶推平移、横向顶推扭转，经反复微调之后，达到如下结果：①梁体平面位置与原设计基本保持一致，路线平顺；②墩顶伸缩缝缝口宽度均匀，缝口宽度值应根据施工时的环境温度确定；③两侧护栏无明显错台。

梁体限位措施：①桥墩处梁底挡块及盖梁挡块作为第一类限位措施。②为梁体纠偏复位而设置的顶推牛腿，在未顶推施工的时段，在牛腿托架上填塞木块、橡胶垫块，作为第二类限位措施。

9.4.4　常规缺陷处置

（1）桥墩裂缝封闭

针对 2 号墩身、4 号墩柱底部均存在的少量裂缝，且 4 号墩开挖后，地表以下未见裂缝。因此，本次仅对墩身（柱）的裂缝进行封闭处理（采用环氧胶泥材料），后期加强观测；如在加固后运营阶段，裂缝出现明显发展现象，则建议进行外包混凝土或外包钢板处置。

（2）伸缩缝更换

①按原设计伸缩缝型号对全桥伸缩缝橡胶条进行更换。② 7 号桥台位置的原伸缩缝

在桥梁上、下部结构进行加固改造后,需要拆除重建。

(3) 施工时根据检测报告进行病害定位、修复,若实际情况与报告资料不符,应以现场实际情况为准。

9.5 本章小结

本案例桥台位移的直接原因是桥梁侧面处滑坡的推动,通过对墩台裂缝的分布位置、墩台竖直度测量、桩基位置测量、桥面平面位置测量、挡块间隙测量等多种因素的综合分析,找出桥墩受力规律和桥梁上部结构平面转动机理,为采取具有针对性的加固措施奠定了基础。